A Bússola da alma

Joan Borysenko, Ph.D.
&
Gordon Dveirin, Ed.D.

A Bússola da alma

Um guia de orientação espiritual

Tradução
Júlio de Andrade Filho

PRUMO
desenvolvimento

Título original: *Your soul's compass*
Copyright © 2007 by Joan Z. Borysenko and Gordon Dveirin
English language publication 2007 by Hay House Inc.

Todos os direitos reservados. Nenhuma parte desta obra pode ser reproduzida, ou transmitida por qualquer forma ou meio eletrônico ou mecânico, inclusive fotocópia, gravação ou sistema de armazenagem e recuperação de informação, sem a permissão escrita do editor.

Direção editorial
Soraia Luana Reis

Editora
Luciana Paixão

Editora assistente
Valéria Sanalios

Assistência editorial
Elisa Martins

Consultoria técnica
Clene Salles

Preparação de texto
André Bertolucci

Revisão
Mariana Fusco Varella

Criação e produção gráfica
Thiago Sousa

Assistente de criação
Marcos Gubiotti

Design de capa
Charles McStravick e Tricia Breidenthal

CIP-Brasil. Catalogação-na-fonte
Sindicato Nacional dos Editores de Livros, RJ

B748b	Borysenko, Joan, 1945-
	A bússola da alma / Joan Borysenko, Gordon Dveirin; tradução Júlio de Andrade Filho. - São Paulo: Prumo, 2008.
	Tradução de: Your soul's compass
	ISBN 978-85-61618-23-0
	1. Direção espiritual. 2. Líderes religiosos. 3. Espiritualidade. I. Dveirin, Gordon F. II. Título.
08-2317.	CDD:204 CDU:248

Direitos de edição para o Brasil:
Editora Prumo Ltda.
Rua Júlio Diniz, 56 - 5° andar – São Paulo/SP – Cep: 04547-090
Tel: (11) 3729-0244 - Fax: (11) 3045-4100
E-mail: contato@editoraprumo.com.br / www.editoraprumo.com.br

Em memória do Irmão Wayne Teasdale e seu desejo:

Criar uma civilização com coração

Sumário

Prefácio: Na dúvida, pergunte ao guru mais próximo 9

Introdução: Luz interior ou a natureza real? 17

PARTE I: ORIENTANDO PARA O VERDADEIRO NORTE

Capítulo 1: Começando a conversa 29

Capítulo 2: As Cartas Mágicas... Anatomia de uma revelação 35

Capítulo 3: Acreditamos em Deus? 51

Capítulo 4: Intimidade... Vendo com os olhos do coração 67

Capítulo 5: Dúvida... Será a orientação ou serei eu? 79

Capítulo 6: A arte do discernimento 89

Capítulo 7: A prática do discernimento 109

Capítulo 8: Não viaje só: quando dois ou mais estão unidos 123

Capítulo 9: As práticas de alinhamento ao espírito de orientação 139

Capítulo 10: Dominando o ego, o grande bloqueio contra seu norte 159

Capítulo 11: Revelando o coração do espírito 169

Capítulo 12: DNA espiritual: mapeando o genoma da transformação 179

Capítulo 13: Sente-se e cale-se: sabedoria comtemplativa para os líderes mundiais 199

PARTE II: APRESENTANDO OS SÁBIOS

Os gurus:
- Swami Adiswarananda 215
- Hameed Ali 216
- Rabino Rami Shapiro 217

- Daniel Ladinsky 217
- Taj Inayat 218
- Irmã Rose Mary Dougherty 219
- Rabino Zalman Schachter-Shalomi 220
- Cecilia Montero 220
- Iogue Mukunda Stiles 221
- Nina Zimbelman 222
- O venerável Ajahn Sona 223
- Reverenda Cynthia Bourgeault 224
- Oriah, a Sonhadora das Montanhas 224
- Padre Thomas Keating 225
- Reverenda Suzanne Fageol 226
- Sally Kempton 226
- Xeque Kabir Helminski 228
- Doutor Edward Bastian 228
- Rabina Tirzah Firestone 229
- Doutora Linda Backman 230
- Doutor Wilkie Au 231
- Patricia Loring 232
- Os quakers de Boulder 233
- Susan Baggett e Thomas White 235

Epílogo: Cultive a alegria – seja responsável por sua orientação 237
As perguntas da entrevista 241
Aconselhamento espiritual e fontes para a localização de orientadores 243
Notas de rodapé 249
Agradecimentos 254

Prefácio

NA DÚVIDA, PERGUNTE AO GURU MAIS PRÓXIMO

Quando 2005 chegava ao fim – um ano marcado por furacões, terremotos, tsunamis, guerra e terrorismos –, a revista *Time* publicou um artigo sobre verdadeiros heróis que fizeram diferença em suas comunidades. Eram lugares como: New Orleans, Paquistão e Indonésia. Um desses heróis, o paquistanês Ihsanullah Khan, havia conseguido salvar milhares de pessoas feridas por um terremoto, que atingira 7,6 graus na escala richter, matando mais de 73 mil pessoas, em outubro daquele ano.

Quinze anos antes, quando Khan era apenas um motorista de táxi em Washington DC, ele tivera um sonho: ganharia na loteria com os números revelados naquela noite. Passou a jogar, religiosamente, todas as semanas até, finalmente, ganhar 55 milhões de dólares em 2001. Recordando as palavras de sua mãe no leito de morte, de que seria importante um dia, Khan decidiu voltar para sua cidade natal no Himalaia, Batagram. Lá, poderia fazer coisas boas para seu povo, era sua conclusão.

Ao retornar, Khan se candidatou para prefeito e ganhou. Três dias depois veria acontecer o terremoto. O hospital local havia sido destruído, e os feridos vagavam em busca de ajuda. Imediatamente, Khan utilizou seu prêmio para comprar todos os medicamentos e suprimentos que pôde; convocou os médicos, enfermeiros e pára-médicos para criar um hospital campal de emergência. Montaram acampamentos para as famílias desabrigadas e, hoje, está ajudando a população a reconstruir as casas destruídas, cumprindo o que acredita ser seu "desígnio divino".

Ao longo de nossa história, muitas pessoas influentes acreditaram possuir uma missão na Terra – para o bem ou para o mal. Hitler, por exemplo, estava convencido de que tinha uma missão e de que era guiado e protegido pela divina providência. Sua certeza causou um efeito catártico sobre o povo alemão, muito parecido com a reação gerada pelo discurso de alguns religiosos modernos, que causam medo, ódio e homicídios em massa. Os pioneiros norte-americanos, por outro lado, se diziam guiados por uma visão mística que traria oportunidade e igualdade para todos. Em todo o mundo, esses líderes se confrontam com a necessidade de alinhar políticas domésticas e globais com a natureza humana. Essa é uma tarefa que exige sabedoria para afinar fé e razão, aproveitando o melhor das duas.

Se existe uma ordem espiritual que nos leva de encontro a nosso Eu Superior, individual ou coletivamente, surgem algumas questões:

- Como diferenciar essa orientação espiritual das necessidades do ego: por controle, certeza e poder? E as forças instintivas de um condicionamento social?

- Existe uma atração divina – alguma espécie de graça – que nos impulsiona a avançar no caminho, despertando-nos objetivamente como seres humanos... Ou somos apenas nós mesmos a nos motivar em tal busca?

- E, talvez o mais importante, existe uma bússola de amor e sabedoria dentro de nossa alma a nos orientar – e como ela funciona?

Em tempos sombrios de incerteza mundial e fundamentalismo religioso, essas eternas questões parecem particularmente atraentes, uma vez que são determinantes para o futuro de nosso planeta.

Para tentar obter algumas respostas para tais perguntas, montamos uma verdadeira "Arca de Noé" virtual de guias espirituais. Partindo de uma diversidade de contextos religiosos, reunimos um representante masculino e um feminino de várias tradições e crenças: rabinos, líderes sufi (a mística islâmica, que num sentido mais amplo pode ser entendida como uma religião da alma); um casal de hinduístas e uma parelha de budistas... Embora não fosse possível contar com "padres" mulheres, convidamos uma reverenda para preencher a lacuna. Um dos maiores prazeres foi aprender um pouco mais sobre a Sociedade dos Amigos dos quakers, que são, na realidade, um grupo de leigos. Em algum lugar do caminho, abandonamos essa esmiuçada categorização para expandir o grupo, incluindo outras pessoas intimamente envolvidas com a espiritualidade, que servem de guias para outras pessoas nessa eterna busca.

Embora a maioria dos entrevistados seja bem conhecida em suas tradições religiosas, outros são xamãs e poetas menos notórios. Completam o time uma psicóloga que estuda regressão a vidas passadas, um metafísico e dois fundadores de um centro de estudos cuja meta é servir aos outros. Na parte 2 deste livro, você vai ler um pouco mais sobre esses líderes espirituais e sua visão. Cada um é citado também no índice para facilitar sua busca.

Quando chegou a hora de decidirmos sobre como denominá-los, receamos ao chamá-los professores ou líderes espirituais. Com o tempo, e por conta do profundo respeito por sua sabedoria, começamos a chamá-los gurus. Esperamos sinceramente que não se importem. O primeiro entrevistado é o hindu swami Adiswarananda – chefe do Centro Ramakrishna-Vivekananda de Nova York, um professor de Vedanta (antiga filosofia indiana de autoconhecimento) que nos disse que quando uma pessoa está em dúvida sobre seu dharma ou objetivo de vida, deveria perguntar ao sábio mais próximo. Adoramos esse conselho e o entrevistamos durante muito mais tempo do que o planejado.

Nossas conversas com os gurus foram baseadas em perguntas (listadas ao fim do livro) para nos ajudar a entender o que é essa bússola espiritual: quais as formas que pode assumir; como distinguir orientação autêntica de impulsos menos confiáveis; como cultivar a habilidade de reconhecê-la; quais são seus bloqueios; e como ela atua em nossa evolução como seres humanos. As pesquisas nos trouxeram a esperança de que talvez o *Homo sapiens* esteja evoluindo para uma espécie mais nobre: *Homo sapiens caritas* – homens e mulheres de sabedoria e compaixão. Ficamos especialmente interessados nos benefícios que essa orientação pode trazer para o mundo, em tempos de intolerância religiosa e espiritualidade mal direcionada: vide a violência inspirada pelo fundamentalismo.

As conversas aconteceram como uma animada roda. Nós éramos o centro e, assim, tivemos a oportunidade e o privilégio de aprender com todos. Durante a leitura, você vai perceber que a maior parte do livro foi escrita sob nossa perspectiva (Joan e Gordon). No entanto, algumas seções foram escritas em primeira pessoa, prefaciadas por **Joan** ou **Gordon**. Quando apresentamos nosso ponto de vista, a transição está indicada pelas marcas **Joan e Gordon.**

Esperamos ter sido o mais fiel possível às palavras dos nossos gurus, mas precisamos admitir duas coisas:

1. Podem ter nos escapado alguns erros de interpretação, apesar de nosso esforço. Assumimos a responsabilidade e oferecemos nossas mais sinceras desculpas por eventuais erros ou omissões.

2. Em segundo lugar, o tesouro que nos foi oferecido é tão vasto que levaríamos o resto de nossa vida para catalogá-lo e absorvê-lo – uma tarefa que estamos ansiosos por levar adiante.

Essa "Arca de Noé" está longe de ser completa. Embora tenhamos conversado com dois sufi cujos caminhos se cruzam com o mais profundo misticismo do islã, ainda não entrevistamos muçulmanos sunitas ou xiitas. Podemos dizer o mesmo sobre muitas outras religiões e tradições indígenas. O livro que você tem em mãos está longe de ser a última palavra sobre o que significa viver uma vida espiritual – antes disso, é um começo muito humilde. Não temos dúvida de que esse é, precisamente, o diálogo que o mundo necessita para atingir um estágio de civilização mais avançado: iluminado pela verdadeira sabedoria.

Quando o tempo e os recursos permitirem, pretendemos retomar o diálogo, envolvendo líderes de outras crenças. Foi penoso observar, também, manifestações de medo e ódio fora de controle em relação àqueles que alguns denominam "infiéis", ou seja, os que não pertencem à mesma crença. O mundo está dividido e, nós, cindidos em nossa alma. Apenas a verdade pode nos reconciliar; a verdade é que compartilhamos nossa humanidade acima de todas as diferenças que nos separam; a verdade de nosso sublime potencial humano. Mas como vamos encontrá-la? É isso que este livro pretende abordar.

Como casal, compartilhamos a esperança de termos sido capazes de transmitir, do ponto de vista de uma compreensão intelectual, o que seria uma veradeira orientação espiritual; buscando a melhor forma de amor e liberdade que tal conhecimento poderia nortear. Para nós, o trabalho foi mais do que uma reeducação. Foi a oportunidade de sintetizar diferentes esferas de conhecimento. Foi, na realidade, um pedido pessoal por orientação. O desafio parecia destinado àquilo que nossa tradição judaica chama de *beshert*. Este livro é parte integrante de nossa própria evolução como seres humanos, como casal e como profissionais, cujos empregos estão ligados à área corporativa e da saúde e ao crescente domínio da interespiritualidade – terreno comum onde a sabedoria de todas as tradições religiosas se encontra.

Os princípios espirituais que surgiram em nossa pesquisa são universais, revelando aquilo que o falecido monge católico Irmão Wayne Teasdale chamou de Coração Místico. Esse coração surge quando nos conectamos com o presente –, disponíveis e abertos para os desdobramentos da vida. A partir daí nossa verdadeira essência emerge, como o sol que andava escondido atrás das nuvens, religando-nos com a Inteligência Superior – não importa como a queira chamar: Sabedoria, Deus ou Verdade Absoluta.[1] Independentemente de suas tradições, nossos gurus descreveram a mesma experiência no centro de sua espiritualidade: o Coração Místico.[2]

As descrições foram, naturalmente, temperadas pelas tradições religiosas particulares de cada um. O padre Thomas Keating, por exemplo, falou sobre os ensinamentos de Jesus e São Paulo - embora sua espiritualidade seja tão vasta que ele poderia ser confundido com um monge budista ou um rabino. Cecilia Montero, uma xamã peruana com ascendência inca, descreveu a orientação espiritual como uma força disponível a todas as pessoas, chamada *sami*. Ela ensina que, quando estamos em um estado harmonioso, em vez de fragmentado, podemos nos conectar a essa forma de energia sublime, pura e infinita, que é a verdadeira força. Os três rabinos, por sua vez, trouxeram à tona histórias hassídicas, contidas na Tora, abarcando da biologia evolucionária à psicologia junguiana.

Inspirados pelo emergente campo de interespiritualidade, fundamos o Instituto Claritas para Pesquisa Inter-espiritual no verão de 2004. Um ano depois, em colaboração com nossa colega e amiga Janet Quinn, lançamos o seu primeiro programa – o programa de treinamento Claritas para conselheiros interespirituais. Quase todas as religiões possuem a tradição de aconselhamento espiritual, em que pessoas iniciadas na jornada e na arte da reflexão profunda passam a agir como guias para os outros. Nossa intenção era formar mentores baseados no conceito do Coração Místico, interessados na exploração das eternas questões: quem somos e qual é nossa missão espiritual.

O professor Peter Russell é notório pela entrevista gravada em sua secretária eletrônica: "Isto não é uma caixa postal. É uma máquina de fazer perguntas. Quem é você e o que deseja?". Depois de uma breve pausa a mensagem continua: "Se você acha que estas são perguntas banais, saiba que muitas pessoas vêm à Terra e a deixam sem sequer ter respondido alguma delas".

Ao ler nossas reflexões e a dos vários gurus, esperamos que você se sinta inspirado a olhar novamente para essas perguntas. Nós o convidamos a refletir profundamente sobre o que significa para você viver uma vida orientada. E mais ainda, o que isso significa para o nosso frágil mundo. Cabe a nós decidir: vamos evoluir ou morrer por nossas próprias mãos?

Introdução

LUZ INTERIOR OU A NATUREZA REAL?

Este é um livro sobre a conexão com sua luz interior, que é um direito inato a cada ser humano. Há momentos em que todos entramos em contato com ela: a deliciosa estranheza de estar amando, de se sentir em casa nos braços de seu parceiro, totalmente entregue ao presente. A sensação extasiante de se sentir no lugar certo e na hora certa, vivendo o propósito de sua vida de uma maneira graciosa; o mistério do luar iluminando a paisagem, revelando a alma viva da natureza.

Essas experiências de "estar em casa" dentro de si mesmo, centrados na essência de ser humano, são algo profundamente natural. São experiências tanto "interiores" quanto "exteriores", focadas em uma bondade íntima, que o levam a uma plenitude – a um estado superior de inteligência – difícil de traduzir, mas que tem sido definida de várias formas, como Sabedoria, Deus, Fonte do Ser ou Verdade Absoluta.

Gurus de todas as tradições nos têm dito que essas vivências da natureza pura e verdadeira são expressões íntimas de nossa humanidade – como o néctar é a mais sutil essência de uma flor. Essa natureza verdadeira difere muito de um "autocentrismo" e do medo, da compulsão por fazer as coisas acontecerem "a nosso modo", forças que têm gerado tanto sofrimento e infelicidade. Ao nos alinharmos com nossa natureza real, nos permitimos a liberdade de entrar em contato com as maiores correntes da sabedoria e usufruir das novas idéias.

Pense sobre Gandhi, Thomas Jefferson e Luther King – seu alinhamento pessoal com o infinito não era uma questão importante apenas para eles: era o centro de sua vida e de onde tiraram forças para servir os outros. Quando há um alinhamento entre a essência pessoal e uma força superior, a felicidade e as ações objetivas fluem livremente como a água doce de uma fonte subterrânea. Perceber, de maneira consciente ou não, as experiências da vida cotidiana é uma forma de resposta para saber se estamos próximos ou afastados de nosso norte. Caso você esteja estressado, com a cabeça girando, não poderá descansar na alegria de sua própria natureza nem esperar que a sabedoria surja por conta própria. Uma das metáforas espirituais mais recorrentes é se você está dormindo preso em suas próprias e temerárias fantasias... ou se está desperto, consciente das possibilidades de escolha e das infinitas alternativas que cada momento apresenta.

Despertar: o Hino da Pérola

A parábola que você está prestes a ler esclarece os mitos ancestrais de "estar dormindo" e "estar desperto" – seguindo as orientações que lhe são oferecidas por uma fonte de ternura. Mais adiante, explicaremos o que significa a Bússola da Alma e como você poderá utilizá-la como guia em sua jornada rumo ao *Homo sapiens caritas*: sábio e amoroso como acreditamos ser o último estágio a alcançar na vida.

Escrito no século II, o Hino da Pérola – também conhecido como Hino da Alma – é um poema gnóstico, uma parábola sobre a viagem da alma e as questões essenciais: "Quem sou eu? Por que estou aqui?" O gnosticismo foi uma tradição espiritual, muito importante nos séculos I e II, orientada para o conhecimento do sagrado sem intermediação, que os gregos chamavam de gnose. Essa tradição precedeu o cristianismo, mas há correntes que, dizem, se reflete na experiência de Jesus, muito embora isso seja considerado uma heresia. Apesar disso, o Hino da Pérola chegou até o evangelho apócrifo de são Tomé. Trata-se de um mapa sobre a viagem da alma – a migração humana de um estágio fragmentado do Eu Interior, governado pelo medo e pela necessidade de domínio, às vezes chamado do Eu Egóico – até a natureza real da luz interior, cujas manifestações são o amor, a pureza e a comunhão com a própria sabedoria.

O herói é um jovem príncipe, que é o querido de seus pais: o Rei do Oriente e a Rainha do Amanhecer. O príncipe se equipa com provisões e é enviado em missão para o Egito. Sua tarefa – um calvário comum na arquetípica "jornada do herói" – é encontrar uma pérola que está no mar, próxima a uma "serpente que ronca"[1]. Quando retornar com o prêmio duramente conquistado, ele se tornará o herdeiro do reino.

O jovem príncipe começa a árdua viagem até o Egito e se estabelece próximo ao covil da víbora, esperando surrupiar a pérola enquanto o horrendo monstro dorme. Ele se traja à egípcia para não levantar suspeitas, e os habitantes locais o acolhem e dão de comer. Logo depois de se alimentar, o príncipe perde a memória, esquecendo-se de que é filho do rei, e cai em um sono profundo.

Enquanto isso, seus pais buscam ansiosamente notícias do mancebo, querendo saber o que estaria acontecendo. Ficam deveras preocupados ao descobrir o que realmente estava se passando. Enviam, então, uma carta mágica para despertar o príncipe de seu sono, lembrá-lo de quem ele é, e qual o objetivo de sua jornada – conseguir a pérola, voltar para casa e tomar seu lugar no reino como um nobre, capaz de governar com sabedoria e compaixão. A carta toma a forma de uma águia, para voar até o príncipe e transmitir a Verdadeira Mensagem.

Ao som das asas batendo e de sua bela voz, o jovem príncipe desperta do sono profundo e se lembra imediatamente de quem é. Percebendo que as palavras escritas na carta já estavam indelevelmente marcadas em seu coração (como a sua verdadeira identidade e natureza), ele passa a prestar atenção às orientações. De um só golpe, encanta a serpente, pega a pérola, se livra dos trajes egípcios e retorna para casa. A carta, cheia de magia, é quem o guia com amor. Ao fim de sua expedição, o príncipe percebe que adquiriu maturidade, concluindo que a pérola não tinha valor monetário – era a sua própria "natureza divina" – e que todos os aspectos infantis de sua falsa identidade haviam desaparecido por completo. Agora, estava pronto para ser um verdadeiro líder e assumir seu posto de governante justo e bom.

O Hino da Pérola sugere que não estamos vagando sozinhos, como estranhos perdidos numa terra estrangeira. Um poder maior olha por nós, enviando a orientação que precisamos para despertar de nosso sono profundo e voltar a ser nós mesmos, ao lugar onde a grande família habita. Mesmo quando somos tentados a ceder ao materialismo ou ao desespero, aquele "poder de amor" ainda está lá, emitindo uma misteriosa força de atração para que possamos aprender a reconhecer e responder à nossa verdadeira orientação espiritual. Quando agimos sob essa guia e nos voltamos para nosso foco, parece que um doce alívio, um abençoado maná que cai dos céus nos alimenta a alma faminta.

O sono é representado, alegoricamente, no Antigo Testamento, como a escravidão no Egito. A palavra hebraica para Egito é *mitzrayim*, que significa "o lugar estreito". Ela não se refere a um país, mas às nossas áreas internas que nos detêm e nos aprisionam. Os lugares estreitos dos hábitos – das falsas identidades que assumimos e das emoções destrutivas que nos assolam – estão arraigados em nós. Mas nós não estamos sem recursos, estamos sendo vigiados. E quem nos vigia nos tem enviado "cartas mágicas" em forma de sonhos, sincronicidade e intuição... Mensagens que já foram gravadas em nosso coração.

Existem variantes do Hino da Pérola em uma série de tradições. Os sufi contam uma estória parecida que fala de um príncipe que termina vagando na terra das mentiras, esquecendo sua verdadeira identidade. Na tradição judaica, temos a história de Zusya, um homem muito piedoso, que ficou preso em suas falsas identidades. Seu rabino lhe diz, "Quando você morrer, Deus não vai perguntar se foi tão sábio quanto Salomão ou tão corajoso quanto David. Ele só vai perguntar, "Por que você não foi Zusya?".

A contrapartida cristã para o Hino da Pérola é que ele seria o prazer do Pai em nos legar Seu Reino. O espírito Santo, tal qual a "carta mágica", funciona de guia para nos despertar e revelar o caminho para casa. No entanto, a viagem é difícil. Porque o caminho é desconhecido e, às vezes, não sabemos nem onde estamos e muito menos para onde vamos, caindo em desespero e confusão. Ainda assim, quando estivermos dispostos a procurar pelo conhecimento ou por "Deus", finalmente saberemos que "Ele" tomava conta de nós durante todo esse tempo. Seremos puxados a Ele como o metal é atraído pelo imã.

É dessa forma que a Bússola da Alma funciona.

A Bússola da Alma

Uma bússola é um instrumento de navegação que se orienta para o Norte magnético, demonstrando, assim, o rumo a seguir. As aves migratórias sabem como encontrar o seu caminho, mesmo ao longo de milhares de quilômetros de território desconhecido, por causa de pequenas partículas de magnetita embutidas em seu cérebro. Um beija-flor que sai do Colorado para o México não costuma parar em Chicago por engano. Seu sistema de orientação é muito preciso e exato. Muitos místicos acreditam que os seres humanos teriam um sistema semelhante embutido, o que nos levaria para casa: a "Fonte do Ser", conectados com o supremo. Mas, em vez de estar incorporado ao nosso cérebro, o imã de nossa bússola espiritual se localiza no coração.

Há um sentido mais sensível para ele estar centrado no coração. O "sentido mais sensível" poderia ser definido como simplesmente "a sensação tátil cheia de significados"[2]. Quando estamos centrados em nossa verdadeira natureza e nossa mente está firmemente consciente do momento presente, há um sentimento de paz e plenitude em nosso ser. Nós sabemos de certa forma que nossa casa é o universo. E como você verá nos próximos capítulos, esse sentido é uma fonte de sabedoria que trascende as palavras.

Quando sentimos esse foco (aquilo que algumas tradições se referem como Eu – com E maiúsculo), nos alinhamos organicamente com o Norte – a Sabedoria, Deus ou a Verdade Absoluta. É como se nosso coração estivesse no centro dessa bússola. Quando a agulha está livre para se posicionar no momento presente e, em vez de temer o futuro ou lamentar o passado, ela pode se mover livremente para o Norte. Quando estamos alinhados com essa fonte, sabemos – de um modo talvez mais intuitivo – o que qualquer situação exige de nós. Tornamo-nos confiantes, competentes cidadãos do mundo; e mesmo que estejamos sentados no parque observando as flores se abrirem na primavera, trocando a fralda de um bebê ou aprovando uma lei no Congresso, há uma inconfundível sensação de que algo maior se move através de nós.

O alinhamento de nossa verdadeira natureza com a fonte é aparentemente fácil, mas difícil de se obter na prática... até certo ponto. Pense numa gangorra. Você não precisa empurrá-la totalmente para que bata do outro lado. Como ela se equilibra, quando uma fração de peso se apóia de um dos lados, a balança oscila instantaneamente nessa direção. Mas até que você chegue a esse ponto de equilíbrio são exigidos habilidosos esforços.

Este livro trata tanto dos esforços quanto da graça. Os cientistas dizem que uma bússola pode ser enganada pelos desvios magnéticos. Se há grandes quantidades de minério de ferro no solo, por exemplo, e uma ave migratória sobrevoa essa região, o ferro pode atrair os pequenos imãs em seu cérebro e fazê-la se extraviar. O mesmo acontece com o imã que reside em nosso coração.

A maior fonte de desvio magnético são nossos medos. Quando contamos ou ouvimos histórias assustadoras, é difícil encontrar a sensação de paz no coração ou tomar outras formas de orientação. O sentimento de desconforto pode sinalizar que estamos no caminho errado. Outras fontes de desorientação, como você lerá a seguir, podem ser os maus hábitos de nossa mente – como exemplos temos nossos preconceitos, o orgulho, a teimosia e a preguiça.

O segredo da vida

Quando limpamos essas fontes de desvios magnéticos – que obstruem nossa luz interior –, ações profundamente significativas e uma alegria espontânea brotam naturalmente, tal qual o dia sucede a noite. Essa alegria não se origina do mundo exterior, da necessidade de ser amado pelos outros ou do conforto de itens materiais; ela surge de dentro, de seu interior. É esse o segredo da vida, que os místicos de todas as tradições nos têm revelado.

Existe uma diferença sutil entre desejar o bem e desejar os bens materiais. O equívoco mais comum nas interpretações generalistas é este: quando você ajusta o seu intento e decide o que você quer, você pode controlar o universo – ou pelo menos o seu cantinho nele – e encontrar a felicidade. Mas as pessoas ricas são freqüentemente miseráveis, e os indivíduos poderosos podem estar seriamente enganados. Nossos sábios budistas nos garantiram que a felicidade e as ações virtuosas nascem da natureza de Buda, do amor e da sabedoria interior. Jesus expressa uma idéia similar quando sugere que se colocássemos o Reino dos Céus em primeiro lugar – se nos orientássemos para o Norte –, todo o resto das coisas boas da vida viriam a seguir.

O doutor Francis Collins, médico e cientista que há muito tempo dirige o Projeto Genoma – responsável por mapear todo nosso código genético humano decifrando o DNA –, conta uma história marcante sobre isso em seu livro *The Language of God*. No verão de 1989, então voluntário em um pequeno hospital em Eku, na Nigéria, Collins esperava contribuir com seu conhecimento médico naquela região subdesenvolvida do mundo. As condições locais eram quase inimagináveis – doenças como malária e tuberculose se tornaram uma verdadeira epidemia, a população estava exposta a toda sorte de infestações parasitárias, o que gerava terríveis sofrimentos.

Um dia, um jovem agricultor gravemente enfermo foi levado ao hospital por sua família. Mesmo sem os modernos equipamentos de diagnóstico, o doutor Collins percebeu que o jovem acumulava fluídos no pericárdio – a membrana que envolve o coração – e corria sério risco de vida. Se permanecesse sem tratamento, o jovem agricultor morreria imediatamente. Se estivesse em um hospital moderno, o fluído poderia ser drenado com relativa segurança por um cardiologista qualificado, guiado por uma máquina de ultra-som. Mas, naquele hospital em condições precárias, onde nem sem sequer piso havia quanto mais acesso a equipamentos médicos, a única chance do agricultor era que o dr. Collins conseguisse inserir uma agulha comprida em seu peito e drenasse o fluído sem perfurar o coração.

O arriscado procedimento deu certo. Mas mesmo assim, o prognóstico de longo prazo não era bom. O acúmulo de fluído havia sido causado por uma tuberculose. Apesar dos remédios, havia uma grande chance de que o paciente fosse incapaz de suportar dois anos de medicação continuada – ou que morresse por algum problema causado pela miséria, pela água contaminada ou pela desnutrição endêmica da região. O doutor Collins se viu triste. Para que serviam seus escassos esforços na tentativa de aliviar o sofrimento em face daquelas pavorosas condições?

Na manhã seguinte, encontrou o jovem sentado na cama lendo a Bíblia. Sabendo que o doutor Collins era novo no hospital e sensibilizado por sua tristeza, o rapaz o observou atentamente e disse: "Tenho a sensação de que se pergunta o que veio fazer aqui... você veio aqui por um motivo. Você veio por mim". [3]

As palavras do jovem atingiram diretamente o coração do médico, sua sensação de impotência e seus projetos ambiciosos de se tornar o "grande médico branco que curaria milhões de africanos".[4] Enquanto cada um de nós é chamado a procurar pelos outros, o doutor Collins percebia que é nos pequenos atos de bondade, e não nas grandes pirotecnias que comumente tocamos os outros. Assim, resumiu sua epifania:

> As lágrimas de alívio que turvaram minha visão enquanto digeria as suas palavras jorravam de uma indescritível confiança – a confiança de que lá, naquele estranho lugar, e por apenas um momento, eu

estava em harmonia com a vontade de Deus, unido àquele jovem na mais improvável e maravilhosa experiência. Nada que eu tenha conhecido na ciência poderia explicar aquela cena. Nenhuma das explicações evolucionárias do comportamento humano poderiam dar conta da razão pela qual parecia ser tão certo que aquele homem branco privilegiado merecesse estar ao lado do leito daquele jovem africano, cada um deles recebendo algo tão excepcional.[5]

Collins estava experimentando o sentimento da Ágape – o mais puro amor altruísta, que não quer nada em troca –, era como se uma bússola estivesse orientando sua alma. Um tipo de conhecimento interno, uma sabedoria intraduzível, que demonstrou o rumo certo para o qual se dirigia sua vida... Na terminologia cristã, estava entrando em harmonia com a vontade de Deus. Percebia assim que motivações menos nobres como admiração de seus colegas ou dos aldeões haviam sido suprimidas pela experiência mais significativa do amor incondicional, que o transformou tão profundamente, como explica:

> Uma carga foi deixada de lado. Esse era o norte. E a bússola apontou não para um reconhecimento estéril ou para o mero materialismo ou, ainda, para a ciência médica, mas para a bondade que buscamos desesperadamente. Eu encontrei meu significado.

Compreender e experimentar essa bondade é o segredo da vida. O nosso eu condicionado e falso que comanda a implacável busca por afirmação, bens materiais e certeza, fica, por um instante, de lado e alguma coisa mais real e luminosa passa a brilhar diante de nós. Essa experiência é o terreno comum a todos os sábios de todas as tradições espirituais, como nos descrevem. O misticismo passa a significar uma comunhão direta com o sagrado, sem se ligar a nenhum tipo de dogma ou doutrina. Não importa saber se a pessoa acredita em Deus, como diz Collins; ou se acredita numa fonte de sabedoria, como nossos amigos budistas; ou ainda, se acredita simplesmente na possibilidade de plenitude, a experiência no amor e na compaixão universal é a mesma. O mais evidente encanto da vida, a verdadeira esperança de nossa espécie. É aquilo que todos nós descobrimos, independentemente de credo, quando tocamos o Coração Místico e tomamos sua orientação. Quando encontramos a bondade em nosso coração, reconhecemos nossa verdadeira identidade como sendo uma única e significativa parte da vida.

A busca por aconselhamento espiritual é freqüentemente confundida com as consultas a oráculos cósmicos ou, ainda, como se houvesse uma espécie de Grande Google Universal que nos aconselhasse sobre os relacionamentos, a saúde e indicasse atalhos para a independência financeira. Embora existam orientações sobre tudo que seja preciso para a nossa vida, nos concentramos aqui no que poderia iluminar nossa jornada espiritual. Será que estamos rumando para uma direção que nos ajudará a sermos menos egoístas, menos agressivos e sermos mais compassivos? Ou nos perdemos num caminho paralelo, que nos mantêm presos a velhos vícios e antigas percepções, perpetuando o medo, a ganância e a ignorância?

Vamos começar nossa conversa com os gurus e concentrar nossa mente e nosso coração na natureza dessa orientação espiritual... Aquilo que o sábio rabino Shapiro definiu como "a descoberta ou a experiência do momento presente – como a semente que gera a árvore –, das forças que operam neste preciso instante, de forma a me ajustar clara e diretamente ao momento, sem me desviar".

Parte I

Orientando para o verdadeiro norte

*"Mais profundo e fundamental do que a sexualidade,
mais profundo que o desejo de ascendência social,
ainda mais profundo do que o desejo de ter,
há um desejo mais geral e universal na maquiagem humana.
É o desejo por um rumo certo – por orientação."*

William Sheldon, psicólogo americano

Capítulo 1

COMEÇANDO A CONVERSA

No verão de 2004, num belo dia em Barcelona, Espanha, tivemos o privilégio de assistir a Assembléia Mundial das Religiões. Eu (Joan) – como cientista interessada nos estudos sobre percepção – fui convidada a compor um painel sobre orações. Talvez a sessão mais fascinante que assistira tenha sido uma palestra sobre fundamentalismo. Os participantes eram o rabino Michael Lerner – um ativista político, editor da revista *Tikkun* (palavra hebraica que significa "para curar e consertar o mundo") –, a ex-freira e respeitada escritora Karen Armstrong e a estudiosa islâmica Kamah Kamaruzzaman.

Referindo-se a seu livro *The Battle for God*, Armstrong discutiu o recente crescimento de virulentas formas de fundamentalismo disseminadas por quase todas as religiões, caracterizando tal movimento como uma verdadeira reação à visão ocidental, cruel e tecnologicamente orientada. Lerner descreveu a modernidade como uma forma de fundamentalismo laico. A estudiosa islâmica Kamaruzzaman, a última a palestrar, discursou apaixonadamente sobre modos de superar esses dois fundamentalismos, opostos, ainda que inter-relacionados. Para tanto deveríamos descobrir o terreno comum de nossa humanidade compartilhada.

A consciência desse terreno comum pode surgir a partir de um tipo especial de conversação espiritual, que vai além das diferenças de crenças. Um dos gurus que se encontra em nossas páginas, o padre Thomas Keating, convocara uma reunião em um mosteiro em Snowmass, Colorado, em 1984, convidando participantes de diversas religiões para conversar de uma maneira ecumênica. Um dos princípios básicos da conferência de Snowmass era que os participantes falassem a partir de suas tradições – compartilhando experiências sobre Deus ou como quisessem chamar –, evitando tratá-las de modo dogmático. Esse tipo de diálogo passou a ser chamado inter-espiritual, como uma forma de diferenciar uma profunda compreensão e comunicação com o Absoluto.

As conversações inter-religiosas ocorrem em dois níveis:

1. Externo: concentrando-se metaforicamente na diversidade de flores do jardim da fé e cultivando a apreciação e a tolerância a essas diferenças.

2. Interno: focando a espiritualidade compartilhada, que transcende as diferenças. Das discussões revelou-se o "terreno comum" onde crescem as flores, nasce a luz do sol, o vento sopra e a água alimenta a todos.

Em seu livro *O Coração Místico*, o irmão Teasdale escreveu:

> A verdadeira crença da humanidade pode ser definida como espiritualidade, porque é a origem de todas as religiões do mundo. Se isso é verdade, e eu acredito que seja, poderíamos também dizer que a interespiritualidade – o compartilhamento das experiências entre todas as tradições religiosas – seria a religião do Terceiro Milênio. A interespiritualidade é o fundamento que pode preparar o caminho para uma cultura iluminada em escala mundial, e uma interação contínua entre as religiões, o que será vital e criativo.[1]

Os 15 líderes espirituais do congresso em Snowmass chegaram a um consenso sobre os princípios das discussões inter-religiosas – princípios esses que você reconhecerá como interespirituais, bem como as entrevistas com os gurus.

Padre Keating delineou os princípios no livro *Speaking of Silence*:

1. O mundo das religiões dá o testemunho à experiência da Verdade Absoluta, a qual recebe diversos nomes: Brahma, o Absoluto, Deus, Alá, o Grande espírito, a Transcendência.

2. A Verdade Absoluta ultrapassa qualquer nome ou conceito que possa tentar defini-la.

3. A Verdade Absoluta é a fonte de toda a existência.

4. A fé é abertura, entrega, e um resposta à Verdade Absoluta. Essa relação é anterior a todos os sistemas de crenças.

5. O potencial da plenitude humana – liberação, auto-transcendência, iluminação, salvação, moksha, nirvana, fana – está presente em cada ser humano.

6. A Verdade Absoluta pode ser vivida não apenas por práticas religiosas, mas também por meio da natureza, da arte, das relações humanas, e da cooperação entre os homens.

7. As diferenças entre os sistemas religiosos devem ser apresentadas como distinções metodológicas e não como superioridade de umas sobre outras.

8. À luz da globalização e da cultura atual, os princípios éticos e sociais propostos pelas tradições religiosas do passado precisam ser repensados, redefinidos e reelaborados.

O quarto princípio acima descrito – e o reconhecimento de que é essencial entender que as relações precedem qualquer sistema de crenças – é uma maneira de dizer que a orientação está disponível para todos os seres humanos.

Durante um jantar com nossas amigas Sarah e Rachael, falamos sobre essa função orientadora da Verdade Absoluta. Relembrando algumas sincronicidades impressionantes que vinham ocorrendo durante todo o ano e que aprofundaram nossa jornada espiritual, Rachael riu e nos disse: "Deus deixa migalhas de pão para nos mostrar o caminho para casa". Em outras palavras, podemos contar com uma poderosa força, tal qual o príncipe do Hino da Pérola, que nos ajuda a encontrar o caminho para a transformação em seres humanos melhores.

Mas, se podemos confiar na orientação espiritual que nos leve à confirmação de nossa verdadeira identidade, então como essa jornada pode ser tão difícil e desanimadora? Como disse o doutor Ed Bastian, com uma sonora gargalhada: "Se somos o Buda, então porque não sabemos disso?". Talvez a razão para nossa ignorância seja uma segunda variável na equação do crescimento espiritual: a renúncia, e a cooperação com essa força orientadora. Renúncia e cooperação não são coisas fáceis de se alcançar. Vinculam-se a nossos compromissos e aguardam pacientemente que o caminho se abra. Quando nos abrimos para o desconhecido, pode ser assustador. A maioria de nós prefere traçar o próprio caminho, apenas para controlar o medo. Mas, se soltarmos o volante e nos abandonarmos com confiança à essa Inteligência Superior, isso também acarretará certa ansiedade, o que é um tanto paradoxal.

Por um lado, se nos entregamos à orientação, significa que estamos desarmados – não importa o quanto nos esforcemos para controlar as coisas, porque afinal não seremos os únicos atores de nossa experiência. De alguma forma misteriosa, totalmente impossível de compreender por meio de palavras ou qualquer pensamento racional, nós somos UM, unidos ao Criador de todas as experiências. A compreensão dessa totalidade está no coração da jornada espiritual, e em nossa capacidade de acreditar em uma sabedoria mais completa do que a nossa, que nos ajuda a evoluir.

O regresso a nossa verdadeira natureza se dá em três etapas, conforme as observações do padre Keating:

1. Em primeiro lugar, quando a jornada começa, também inicia-se uma experiência maravilhosa com um Outro misterioso.

2. Em segundo lugar, enquanto progredimos pelo caminho, haverá sempre um esforço de união ao Outro misterioso.

3. Em terceiro lugar, no ponto de realização, compreendemos que nunca existiu o Outro.[3]

Nosso verdadeiro eu – a resposta para a pergunta Quem Sou Eu? – é a expressão individualizada da Verdade Absoluta. Se isso parece abstrato, confuso ou herético para você, sinta-se em boa companhia. Desde o início dos tempos, as pessoas têm lutado para encontrar palavras para tentar traduzir o que não pode ser dito, mas que é apenas compreensível para o coração. Nossa esperança é fazer com que tudo isso se esclareça, oferecendo meios para identificar o que lhe diz respeito na sinfonia contínua da vida.

Nós dois, humildes autores, estudamos durante muito tempo a sabedoria contida nas diversas tradições, portanto estamos familiarizados com várias teorias e estágios da vida espiritual. Mas, existe um enorme fosso entre o conhecimento racional e a experiência sensorial. A racionalidade é como um *menu* que *poderíamos* experimentar; a experiência sensorial é a verdadeira refeição, embora só possa ser verdadeiramente apreciada quando a provarmos. Quando os pensamentos racionais abrirem espaços para que essas experiências diretas venham à tona, os acontecimentos da vida diária se tornam uma revelação e uma viagem mística, ainda que a orientação espiritual venha em traje de gala ou em farrapos de estresse e desilusão.

As Cartas Mágicas...
Anatomia de uma revelação

No Hino da Pérola, os pais do príncipe desmemoriado enviam uma carta que assume a forma de uma águia. Ela desperta seu filho e mostra o caminho de casa. As antigas tradições estão repletas de descrições sobre as formas que uma carta como essa pode assumir: sonhos, sinais, sincronicidade, revelação, doenças, acontecimentos nocivos, e sensações, para citar apenas algumas. Se nos debruçarmos sobre as formas, poderíamos tentar decifrar as mensagens, evitando interpretações errôneas ou simplistas. Assim não mais perderíamos as oportunidades que a vida nos apresenta.

A xamã e poetisa Oriah, a Sonhadora das Montanhas, nos conta uma estória sobre algo que aconteceu quando era jovem. Uma conhecida tentava decidir se iria ou não ao México com um homem que acabara de conhecer. Um caminhão passou com a palavra México escrita em sua lateral e a mulher entendeu como um sinal de que deveria fazer a viagem. Foi, e se deu mal, acabou sendo espancada pelo companheiro.

O conselho de Oriah sobre os sinais é que funcionem como perguntas para a contemplação, em vez de simplesmente aceitá-los como respostas. A orientação espiritual raramente vem como uma certeza, ela chega com mais freqüência como um convite para sentir o movimento do espírito.

Qual a maior sabedoria que um evento particular sugere, e como podemos integrar seus ensinamentos em nossa vida?

Algumas das maneiras mais comuns que os gurus sugerem para sentir o movimento do espírito são: prestar atenção aos sentidos (sensações como arrepios, ou sentimentos de paz, excitação ou ansiedade), à intuição, aos sonhos, sinais e sincronicidades.

Tudo nos orienta

Enquanto o Deus do Velho Testamento aparece a Moisés como um arbusto em chamas, a nossa orientação espiritual surge mais sutil. No misticismo judaico, há uma deusa, conhecida como Shechinah. Trata-se da própria sabedoria. E ela não está *lá em cima*, e sim *lá dentro*. Está dentro de você, e em mim. Também está na terra, no céu, na água e no vento. Ela está na alegria e na tristeza, no sucesso e no fracasso. Shechinah é a própria força da vida e oferece sua luz de infinitas formas. Comenta o ex-padre jesuíta Wilkie Au:

> Toda a criação material é a linguagem de Deus. A vida espiritual é extensiva a toda a vida humana, por isso devemos procurar pela orientação em muito mais lugares. Nos obrigando a nos abrir para muito mais opções. Deus pode se comunicar conosco de qualquer forma conhecida – através da energia sexual, das sensações corporais e assim por diante.

A educadora quaker Patricia Loring também reconhece a variedade de formas de orientação, crendo ser impossível nomear todas:

> Algumas vezes sinto urgência em fazer algo muito pequeno, mas que depois desenvolve ramificações que se clareiam com o tempo. Outras vezes, definimos o que emerge em nós ou em nossa vida, como sendo a própria orientação espiritual, e eu não gosto de dar nomes a essas experiências.
> A primeira vez que alguém me pediu orientação espiritual, fiquei chocada e o enviei imediatamente a meu próprio guia. Quando se repetiu pela terceira vez, ele me disse: "Tudo bem, na primeira vez talvez tenha sido um julgamento errado da pessoa que a abordou; e da segunda vez talvez tenha sido um acaso; mas agora você deve se perguntar se não estão chamando você de alguma coisa real".

Esse foi o começo de um processo de discernimento mais focado para Patrícia Loring. "Há momentos em que tenho sido guiada por um acúmulo de circunstâncias", ela prossegue. "Era como se estivesse sendo guiada por uma seqüência de eventos... a saúde debilitada tem sido um guia incontestável – não há nada parecido que possa revelar de forma tão clara que não estou no controle do universo, nem mesmo de um pequeno canto dele."

Tal como muitos Amigos (denominação do grupo de quakers), Patrícia insiste que a orientação será sempre a qualidade de nossa atenção e disponibilidade de ouvir, com a mente e o coração abertos, essas condições criam o reconhecimento necessário: "orientação espiritual... envolve um grau cada vez maior de abertura e sensibilidade. Ao longo da vida, somos guiados a nos abrir em direção de absolutamente tudo e todos ao nosso redor, como potenciais mensageiros de Deus – em direção a uma meta que alcançará toda a nossa vida, sem que esperemos alcançá-la".

Abrir-se a tudo e todos à nossa volta requer um bom *"feeling"*, sensibilidade e sensitividade... felina. Os bigodes do gato analisam o ar; os ouvidos percebem os sons mais sutis, os músculos se expandem e se contraem em harmonia, refletindo todas as mudanças no ambiente... A camada refletora dos olhos cria uma acuidade visual que só é comparada à fantástica acuidade interior. Quando só de pensar em pegar a gaiola para levar o gato ao veterinário, o precioso bichano encena um ato de desaparecimento digno de Houdini. Como ele sabe?

Perguntamos algo semelhante a nossos gurus: Como você sabe? Qual é a sua experiência pessoal de orientação? Ao contrário dos gatos, que sintonizam múltiplos canais de sensibilidade, a maioria dos seres humanos tem uma freqüência de sintonia muito mais limitada. Não houve duas respostas semelhantes. No entanto, alguns tinham métodos preferenciais para ouvir profundamente, seu modo de viver e discernir o caminho mais sensato. Outros falaram sobre utilizar múltiplos canais para receber essa orientação. Você talvez tenha seus próprios métodos, ou talvez a leitura sobre essas experiências possa ajudá-lo a reconhecer seus próprios processos de escolha para viver com mais sentido e direção.

O sentido perceptível

Algumas vezes você se pega tão concentrado em sua mente que nem nota o que acontece com seu corpo – uma gama de sutis sensações internas, que chamamos de percepção sentida, pode lhe dar uma leitura intuitiva da situação. Quando você está pensando sobre aceitar ou não um trabalho, como decide? Uma forma é listar os prós e contras e considerar as possibilidades de progresso, remuneração, benefícios e assim por diante.

Mas, um pensamento racional, por si só, não lhe trará a resposta. Existe um sistema mais amplo à sua disposição que inclui uma afinação com as sensações corpóreas. O filósofo e psicoterapeuta doutor Eugene Gendlin descobriu que a diferença entre as pessoas que se deram bem na psicoterapia e aquelas para as quais ela não funcionou, estava na habilidade de prestar atenção às informações internas, ao que ele chamou percepção sentida.

Aqui vão alguns exemplos...

Uma jovem vai a um encontro às escuras com um homem que foi altamente recomendado por sua própria mãe. Embora ele seja muito educado, ela se sente tensa e inquieta durante toda a noite. Alguma coisa parece "desligada" dentro dela. Ela ignora esse sentimento, porque o rapaz é inteligente e bonito, ganha muito dinheiro e parece gostar dela. No segundo encontro, ele a leva a seu apartamento e tenta estuprá-la. Ela quase não escapa. Uma forma de sabedoria diferente do pensamento racional enviava sinais de perigo, usando a percepção sentida, mas ela optou por ignorá-la e acabou em perigo. E adivinhe só... Aquela jovem era eu (**Joan**).

Muitos anos depois, quando já era uma jovem cientista pesquisando sobre o câncer na faculdade de medicina, comecei a prestar atenção a essa percepção sentida. Eu era uma médica investigadora competente, com um histórico invejável; e na academia isso significava que minhas experiências produziam resultados importantes, garantindo-me a bolsa de estudo. Quando não estava no laboratório, eu ensinava histologia – a anatomia microscópica das células, tecidos e órgãos – para alunos de medicina e odontologia. Ensinar e fazer pesquisas eram gratificantes, mas um vago sentimento de desconforto começava a crescer.

Um dia, recebi um telefonema do Instituto Nacional do Câncer informando que minha última proposta de subvenção havia sido aceita, e que recebera uma avaliação tão prioritária que me perguntavam se não precisaria de mais dinheiro para novos equipamentos. Não consegui controlar minhas lágrimas e a pessoa do outro lado da linha ficou emocionada. Ela achou que eu estava entusiasmada com as boas novas, mas na realidade eu estava vendo a concessão como uma condenação de três anos. O sentido perceptível de desapontamento face àquilo que parecia uma grande notícia era um convite para refletir sobre a questão do que eu *queria fazer* com a minha carreira, já que parecia estar claro o que eu não queria fazer.

A percepção surgiu novamente quando tomei a decisão racional de entrar na escola de odontologia, na conclusão de meu trabalho de pesquisa. Por que a escola de odontologia? Os motivos eram eminentemente práticos: meu marido também dava aulas na faculdade, e como cônjuge de professor, seria dispensada de pagar o curso. A universidade também oferecia a possibilidade de continuar ensinando histologia, pela qual me pagariam bem. Nossos dois filhos eram muito novos e concluí que exercendo a odontologia, em tempo parcial, além de uma boa renda, teria mais tempo para meus filhos.

Tudo parecia bem arranjado e as coisas fluíam facilmente. O único problema é que passei a despertar no meio da noite muito nervosa. A percepção de ansiedade e de que algo estava errado era crescente. Depois de conviver com essa sensação por um mês, relutante concluí que a odontologia não era o meu dharma (o percurso de vida que leva tanto para o crescimento espiritual quanto para uma vida com propósito)... Se fosse, você estaria sentado na minha cadeira de dentista agora.

A quaker Deanne Butterfield, com seu sorriso brilhante e maneiras suaves, descreve como presta atenção à percepção sentida, que ela chama "Verdade Emocional do Momento":

> Há vários momentos quando preciso de orientação – quando tenho que tomar uma decisão e começo a pensar: "Ah Deus, me dê uma luz". E apenas porque eu sou um ser humano e um ser espiritual, isso não acontece desse jeito.
>
> O que nós temos em comum é que experienciamos que existe uma Fonte de orientação. O que nos diferencia é que conceituamos isso de modo distinto, e cada um de nós deve realizar a experiência de sua própria maneira. Como sou mais cerebral, tenho que ter alguma noção de cada passo. O que funciona para mim é me concentrar na pergunta "Qual é a Verdade da situação?". Isso significa que eu preciso parar de me preocupar com a solução e concentrar-me na Verdade Emocional.
>
> Talvez eu tenha medo de me sentir tão vulnerável. Se conseguisse ficar assim e apenas sentir, sem julgar ou evitar, então poderia alcançar uma Verdade Maior. Quando me sentir capaz de me fixar em cada nível de Verdade, e de uma maneira realmente vulnerável, então, a partir daí tudo se abre. A primeira verdade, "estou com medo". Posso me fixar com essa Verdade em meus dons e talentos. E quando então expando esses círculos concêntricos, sinto-me mais perto da Verdade Maior.
>
> Eu uso a palavra Verdade em conexão com a orientação espiritual. Talvez não seja a palavra mais apropriada, mas é a mais próxima que consigo É necessário ter paciência e fé para entrar nesses níveis, a orientação não vem de repente, e nem se parece com uma resposta direta como "Isto é o que você precisa". O que abre o caminho é a Verdade Maior.

Se eu procuro um emprego, não haverá uma orientação divina sobre qual emprego eu deveria aceitar. A orientação vem quando começo a me mover dentro do círculo, a partir do lugar onde conheço tudo duzentos por cento para onde não conheço cem por cento bem (em outras palavras, ela sai de um sentimento racional de absoluta certeza para uma posição de sinceridade quanto à total ignorância); me sinto leve, confiante, e o caminho se abre. O telefone toca e alguém me diz que tem um trabalho para mim.

O caminho se abriu para mim de uma forma sincronizada, quando decidi que não ia mais para a faculdade de odontologia. Eu havia desistido de tentar descobrir o que fazer com minha vida e estava receptiva a tudo que pudesse surgir. Um dia o telefone tocou... mas *era eu* quem tinha feito a chamada.

Tinha lido num jornal médico um artigo escrito por meu antigo mentor, Herbert Benson, com quem eu fizera pesquisas. O artigo tratava dos benefícios fisiológicos da meditação – o que ele e seu colega Keith Wallace tinham apelidado de "resposta ao relaxamento".

Eu meditava durante anos e liguei para o doutor Benson para saber o que andava fazendo. Por sorte – ou por conta da orientação –, ele tinha feito uma proposta para reciclar médicos e pesquisadores no emergente campo da Medicina Comportamental. Acabara de receber o financiamento, justo naquela manhã. Ofereceu-me, então, uma das bolsas disponíveis e "o caminho se abriu". Eu aceitei a posição, voltei para Harvard e fui capaz de usar meus conhecimentos em pesquisa para ajudar pessoas com câncer e outras doenças, fundando, em conjunto com o doutor Benson e outros colegas, uma clínica de tratamento do corpo e da mente.

É importante lembrar que a oportunidade para um trabalho tão significativo não apareceu do nada. Foi o resultado de uma clara intenção de seguir a orientação, da vontade de esperar até que o caminho se revelasse, e um forte desejo de igualar meu trabalho no mundo com minha jornada interior a Deus.

Sinais e sincronicidade

Thomas Edison acreditava que as oportunidades favoreciam as mentes mais preparadas. Mas essa sincronicidade seria o acaso ou alguma outra coisa? Será que foi um mero acaso que me levou a ligar para o doutor Benson naquele exato dia? A impressão que tive durante o telefonema foi de justiça. Havia paz, emoção e gratidão – aquela deliciosa sensação de que a vida está se abrindo e evoluindo, o que o sábio Hameed Ali descreveria como "dinamismo". A partir dali, eu sabia que estava no caminho certo.

Joan e Gordon: Carl G. Jung descreve a sincronicidade, mais especificamente, como a elaboração de uma imagem interna de algo em sua mente. Por exemplo, você está pensando em um amigo que você não vê há muito tempo e, de repente, ele lhe telefona, naquele mesmo instante. Ou, talvez esteja pensando como sua mãe, já falecida, adorava beija-flores e, no aniversário de sua morte, vários deles aparecem sobrevoando seu jardim, ainda que eles sejam verdadeiras raridades no lugar onde você vive. Algumas dessas ocorrências podem ser realmente simples coincidências, mas outras podem ter um grande significado. O importante é ser paciente para discernir se aquele momento de sincronicidade é realmente um sinal de que está sendo guiado para alguma coisa – para não decidir nada às pressas.

Um amigo nosso, certa vez, enviou seus convites de casamento e eles acabaram se extraviando inexplicavelmente nos correios. Por esse motivo, as flores que já tinham sido compradas não chegaram. O padre também enfrentou problemas, chegou atrasado à igreja; e o futuro sogro – que deveria entrar com a noiva – chegou tarde e bêbado. Mas o noivo continuou a toda prova, mesmo com todos os empecilhos. Não deu outra, o casamento acabou se transformando numa verdadeira tragédia.

"Se me confronto com um padrão...", esclarece a xamã Oriah, a Sonhadora das Montanhas, "...e algo está fora de lugar – se o caminho está bloqueado e não há fluxo para alinhamento –, eu considero isso como uma pista para parar, e tomar um tempo para sentar e refletir."

As dificuldades por si só não são sempre um sinal de que estamos na direção errada. Como diz Oriah, são convites para se ouvir profundamente os movimentos do espírito, que às vezes atravessam as dificuldades. Quando eu, Joan, visitei a Columbia Britânica, fui conhecer uma reserva onde habitava um povo nativo. Eles receberam um financiamento para construir uma canoa oceânica na celebração de sua cultura.

Um artesão qualificado foi enviado de Vancouver para supervisionar o projeto e, antes de sua chegada, uma enorme árvore tinha sido abatida com esse objetivo. Infelizmente, as pessoas que a derrubaram eram ainda aprendizes e não sabiam como fazer direito. Quando a árvore despencou, abriu uma clareira na floresta e rachou. Estava apodrecida por dentro e tinha apenas uma fina casca que se pudesse aproveitar. Mas como a tribo tinha a permissão de derrubar apenas uma árvore da antiga floresta, o artesão tinha que usar o que estava à mão. Como resultado, a canoa sairia muito estreita – se construída com o lado intacto da árvore – e ainda assim haveria reparos.

O trabalho foi andando muito devagar, já que muitos dos homens que estavam ajudando o artesão se frustraram e abandonaram a empreitada. No entanto, o artesão persistiu pacientemente na tarefa. No terceiro ou quarto dia de minha visita, após sermos devidamente apresentados, sentei no toco de uma árvore e fiquei observando: "Se eu tivesse tanta dificuldade quanto você e se tudo estivesse correndo mal, não conseguiria mais ver energia no projeto e talvez desistisse".

O jovem nativo virou-se para mim e enxugou o suor da testa com a bandana. Ele balançou a cabeça solenemente. "Não é assim na minha cultura", ele replicou. "Às vezes aquilo que é mais difícil é aquilo que o Grande espírito está tentando fazer nascer. O espírito de nosso povo está nascendo de novo aqui." Na seqüência, começou a descascar a árvore novamente com o martelo e o cinzel, absorto, em total concentração.

Talvez a canoa não ficasse tão bela quanto seria com a árvore intacta, mas carregava uma energia tão absolutamente adequada à ocasião – nobreza, perseverança, e paciente aceitação – que me emocionou. Os Klahoose, como quase todas as nações primitivas, viram sua cultura devastada por anos de aculturamento. Talvez demore anos ainda para seu renascimento. E tudo isso ia no fluxo de orientação daquele artesão. Avaliar a vida de acordo com o sucesso exterior é uma preocupação materialista dos ocidentais. A compreensão da história interior, como fazia o artesão, deixava fluir graciosamente o espírito, enquanto se movia naquela situação, vivendo a vida com arte.

O intento de ouvir o guia

Na medida em que avançávamos no caminho espiritual e seguíamos a orientação, novas coordenadas iam aparecendo, como diz o xeque sufi Kabir Helminski:

> De acordo com o grau de nossa consciência, coerência e de como vivemos com a mais pura intenção, quanto mais pura a intenção e devoção, maiores serão os aspectos de sincronicidade. A própria vida se torna significante. Se nós nos mostrarmos alunos dispostos e conscientes, o Professor Universal vai nos oferecer instruções mais profundas e mais ricas.
>
> Tudo depende de nosso estado. Se um ser humano pode se colocar num estado de recordação – referindo-se à Verdade da Existência –, então vivemos numa realidade espiritual; o resultado final é o inventário das qualidades espirituais somado à Grande Misericórdia e Generosidade.

Ou ainda, como prega o padre Keating: "Quando as pessoas querem ser guiadas... parece evoluir antes de uma prática sincera e de uma profunda abertura para o relacionamento direto com Deus".

Muitas pérolas surgiram na descontração do final das entrevistas, conversando entre nós mesmos. Depois da conversa com o xeque

Kabir, saímos espantados, "Como seria encontrar esse Mistério Supremo de modo a convidá-lo a revelar mais e mais sobre si mesmo e sobre nós, os entrevistadores? Que relacionamento maravilhoso – que tido de conhecimento – será esse?"

Intuição: o ensinamento que vem de dentro

Falamos sobre aquele tipo particular de conhecimento com o rabino Zalman Schachter-Shalomi no porão de sua casa, onde mantém um quarto só para orações, uma sala de reunião, um escritório repleto de gente transcrevendo seus artigos, uma biblioteca e uma sala apinhada de computadores. O rabino explica: "Contamos com um notável vocabulário para as palavras *racionais*, mas não sabemos descrever essas 'palavras *intuitivas*' que nos chegam. Se alguém perguntar como eu sei e for uma coisa que sinto, não sei dizer como".

"Deus tem uma voz barítona? Não, não é preciso que D'us sopre em meus ouvidos... Intuição é o ensinamento que vem de dentro. Muitos de nós não temos um bom vocabulário, então emprestamos palavras. Como sabemos disso? Eu sei disso do mesmo jeito que me conheço. Como falar sobre isso conceitualmente?"

O professor e orientador espiritual Hameed Ali tentou corajosamente encontrar palavras para descrever sua sutil, mas claramente identificável, experiência de orientação. Em sua escola, ensina aquilo que chama orientação Diamante. É um processo agudo de revelação que penetra sobre a superfície e as distorções humanas de um modo cristalino, tal qual um diamante. Observe o que Hameed nos contou sobre seu conhecimento:

> É uma forma particular, na qual a experiência espiritual, cuja função é a revelação e a orientação, se manifesta sozinha. Como tem uma forma particular, uma sensação especial, um tipo particular de presença, é reconhecível apenas pelo que é. Não existe sujeito e objeto na experiência em si. A presença é a consciência de si mesmo,

se conhecendo, sendo ela própria. A orientação, o guia é uma forma particular de contato imediato com seu próprio conhecimento.

Essa experiência direta, que ele chama orientação Diamante, não é substantiva. É uma ação, um acontecimento, um flash que ilumina a consciência – como a luz e o relâmpago, indissociáveis entre si. Por outro lado, parece ser diferente daquilo que muitos chamam intuição. Parece ser mais próximo da experiência de *dissociação*, em que nos tornamos um só ser com a Fonte. A dissociação é o exemplo de um estado que pode ser vivenciado, mas é impossível de se traduzir. Nós parecemos ser dois: você e eu, eles e nós, as plantas e as pessoas e assim por diante. Mas, num certo nível de percepção, não somos dois, mas apenas um. No momento em que pararmos de nos identificar com nossas emoções, pensamentos e desejos, nós saímos da sensação superficial de separação. À semelhança de uma cadeia de ilhas que aparecem separadas na superfície do mar: lá no fundo estão conectadas, mas ainda assim mantêm sua individualidade quando vistas de cima. De tal forma, todos os fenômenos são parte de uma grande única semente, que é mais sutil que a realidade física de uma pedra, mas ainda é real.

Nina Zimbelman, a quem entrevistamos em parte por conta de sua excepcional capacidade intuitiva, fez uma clara distinção entre orientação espiritual e intuição:

> Quando uso minha intuição, vou para um local de conhecimento, mas quando eu recebo orientação, a Verdadeira Sabedoria vem até mim. Ela me acessa como um relâmpago. Sou eu quem acessa a intuição. Existe uma diferença de sentido. Uso minha intuição como os outros usam seus pensamentos e cérebro. Muitas vezes eu trabalho como uma médica intuitiva e me desloco até esse lugar, que está dentro de mim, que é sábio, e de lá consigo acessar novas informações.
>
> Sou guiado quando essa orientação me arrebata – é uma sensação diferente. Não tenho controle sobre ela. Começa por algum tipo de personificação do conhecimento que diz: Preste Atenção!

A intuição é apenas mais uma das ferramentas. E eu a uso. Mas a coordenada maior me usa. É claro que o conhecimento é que é o meu guia, é a maior parte de mim que dirige a menor, me guiando a direções que meu eu não gostaria de ir – falo nesses termos dualísticos, mas existe apenas um eu.

Na tentativa de aprofundar a reflexão sobre o conhecimento direto, perguntamos aos nossos gurus quakers como definiam "direção". A "direção" é focalizada para uma nova possibilidade que, em alguns casos, pode mudar o rumo da vida – como a da quaker Mary Hey, que se transformou de advogada em artista em tempo integral. A "direção" pode ser muito menos conseqüente, é claro, como ser conduzido a falar alto numa reunião de culto. O ponto principal se traduz na "sensação de ter vindo de algum outro lugar".

Deanne Butterfield descreve essa direção como "tanto interior quanto o outro" – ou seja, originando-se tanto da luz interior como também de nosso "grande terreno divino" ao qual nos conectamos. A "direção" pode abrir outros caminhos, liberando uma verdadeira cadeia de sincronicidades. De vez em quando topamos com uma parede impenetrável, mas subitamente descobrimos algumas portas na parede.

Todos já experimentaram momentos de sintonia interior, tanto como uma intuição intraduzível, como uma dissociação, como sentir-se unido ao inefável ou experimentando o Guia Diamante. Todos esses modos de contato com o conhecimento podem ocorrer em sonhos, quando a consciência e a inconsciência encontram-se nos domínios dos arquétipos e dos símbolos.

Sonhos

A guia sufi Taj Inayat teve muito o que dizer sobre os sonhos e a orientação da bússola. Ela é uma talentosa professora e também mãe do atual Pir, o líder espiritual da Ordem Sufi Internacional. Taj nos revelou que, logo após ter sido iniciada no sufismo, sonhou com uma famosa lenda sufi, que até então não conhecia. "Não tinha ouvido na época a história do 'Congresso dos Pássaros' (também chamada Conferência dos Pássaros)", nos explicou.

É uma história do século XII, que narra um conto arquetípico, uma jornada espiritual. Um guia informa todas as aves do mundo que elas têm um grande rei, o Simorgh, vivendo num palácio muito distante e que devem visitá-lo. Algumas aves decidem não tentar a tal viagem. O pintassilgo é muito covarde, enquanto que o falcão continua na companhia dos reis terrenos. O resto do grupo voa junto através de sete montanhas e sete vales. Ao longo do caminho, começam a refletir que, apesar de diferentes, são todos aves e, portanto, devem ter uma origem comum.

A viagem é longa e árdua. Das muitas aves que começaram a expedição, apenas trinta chegariam ao destino. Já no palácio, encontram o trono vazio e caem em si: Simorgh são todos eles. A palavra Simorgh vem de um trocadilho que revela a "verdade oculta": *Si* significa "trinta" e *morgh* pode ser traduzido como "pássaros".

Como nos contou o xeque Kabir Helminski, quando entramos num estado de forte intenção espiritual – como Taj durante o sonho –, o Professor Universal nos brinda com ricos ensinamentos, e revela assim o significado do emaranhado espiritual. Um passo depois em sua viagem, Taj se perguntaria: "O que minha alma precisa ainda fazer nessa vida para se sentir completa?" Outro poderoso sonho se sucedeu: ela subia um prédio de sete andares de elevador, descendo a cada andar para fazer o que deveria ser feito. Já no sétimo andar, viu dois homens parados, um de cada lado da porta do elevador, braços cruzados como se fossem guarda-costas. Eles impediam a sua descida. Argumentaram que havia falhado, e então ela percebeu que a única maneira de ser permitida naquele andar era reconhecer que pertencia àquele lugar.

"Você tem que reconhecer o seu próprio ser, mas não de uma forma grandiosa." Ter a exata dimensão de seu próprio ser significa ter a humildade da autoridade interior, ser capaz de se sentar no trono do Simorgh e saber que o divino é uno, intimamente ligado ao seu verdadeiro eu.

A rabina Tirzah Firestone é uma estudiosa junguiana que se debruça sobre a interpretação de sonhos há mais de três décadas. "Os sonhos são a voz de D'us." (Na tradição judaica, não se pronuncia a palavra Deus, para não dessacralizar seu valor.). Os símbolos e personagens que aparecem nos sonhos revelam poderosas portas para o espírito.

Ela nos conta sobre um enorme leão que apareceu a ela num sonho. Ela não o analisou, apenas o considerou como um Outro Sagrado – rendendo uma visão poderosa da orientação. Quando abordamos um símbolo como um Outro Sagrado – falando com ele e fazendo perguntas – entramos em uma aventura. Esse encontro íntimo pode nos trazer para as margens do conhecimento... Tangenciando o rico mistério do desconhecido.

A rabina explicaria ainda que a mente inconsciente está sempre em busca da tensão dos opostos, porque crescemos durante o ato de reconciliação. Portanto, se nos empenharmos em busca de crescimento, o inconsciente criará uma tensão e um desconforto. Se enxergarmos a tensão como um estímulo, que nos incita em direção à plenitude, poderemos trabalhar com a tensão de modo excitante e não assustador.

Sally Kempton é mestra de uma antiga filosofia hindu que afirma que o *atman* (o verdadeiro eu) está com Brahma (Deus ou a Verdade Absoluta) e ela também vivenciou os sonhos como fonte de orientação espiritual. Ela concorda com Taj e Tirzah, que solicitar orientação antes de dormir e prestar atenção aos sonhos é uma prática quase que infalível.

Da tradição Sidda ioga, onde durante muitos anos foi o swami Durgananda, Sally explica que existe muita ênfase para os sonhos divinos, onde um professor costuma aparecer. Tendo vivido muitos anos com um guia que operava sobre planos sutis dos sonhos, ela nos conta que as mensagens apareciam quando o professor estava presente. Em outras ocasiões, o professor aparece apenas simbolicamente – como um arquétipo do Eu. Sally diz: "As tradições indianas versam muito sobre sonhos divinos, um tipo de sonho em que um guia nos aparece e mostra alguma imagem, diz coisas enigmáticas ou apenas nos conduz a algum lugar – e assim se pode discernir a mensagem contida". Sally continua:

> Mesmo quando você tem uma relação afinada com um mestre, há um conhecimento que só pode ser vislumbrado em sonhos, porque você deve obtê-lo sozinho, de dentro de ti. Essa é a realidade de como nós seres humanos evoluímos em direção a Deus. Há reconhecimentos que se deve alcançar sozinho, assim como há um momento em que você percebe que o mestre não é outra pessoa, mas a face que está dentro de você. Não importa se as pessoas estão conectadas com um ente divino como Cristo, ou a um guru como nas tradições orientais, sempre existirá a tendência de projetar o divino no mestre, de perceber essa graça fora de nós mesmos. Os sonhos são apenas um caminho para descobrir que o divino está dentro de nós.

Cada forma de orientação que discutimos – como a percepção sensorial, sinais e sincronicidade, intuição e sonhos – revelam profundas respostas para as antigas questões *Quem Sou eu?* e *Por que estou aqui?* O príncipe do Hino da Pérola recebe a carta mágica, reassociando-o à sua verdadeira identidade, e oferecendo orientação na forma de uma águia, para regressar ao seu povo. A águia fala com ele por muitos canais: a voz, o bater das asas, e um tipo de conhecimento interior. Todas essas formas de orientação chegam até nós.

Para assombro do príncipe, as palavras na carta mágica já estavam impressas em seu coração. São elas "Interior e o Outro". A mensagem que o paradoxo revela é que a Fonte de sua orientação está tanto dentro de você, como fora Tudo É. E os dois são Um Só.

Esse conhecimento não pode vir da mente – apenas os olhos do coração podem compreender. Mas se quiser sinceramente saber quem é você, qual seu objetivo de vida, então existe algo com que contar: a qualidade ardente de seu desejo de saber. Procure e achará. Bata e a porta se abrirá.

Acreditamos em Deus?

Como pudemos depreender ao longo de nossas conversas, a orientação espiritual está sempre disponível. Mas se interpretamos o dito "Bata e a porta se abrirá" literalmente, é sempre razoável se perguntar quem ou o quê estará abrindo a porta. Para alguns, a energia contida atrás dessa porta será um Deus que o ama e para quem reza. Para outros, será uma energia impessoal, ainda que funcione segundo as leis de causa e efeito, que tão bem compreendemos e sabemos operar para diminuir o sofrimento e aumentar nossa compaixão.

Talvez você, como muitas outras pessoas, reavalie periodicamente as suas crenças à luz das suas experiências. Essa curiosidade sobre nossa verdadeira natureza e a relação com ela sempre estará no centro de uma vida orientada espiritualmente.

Joan: Há alguns anos, vivi um aparente dilema: embora apreciasse a sabedoria budista e sua abordagem não-teísta do desenvolvimento humano e do despertar espiritual, já tinha passado por muitas experiências pessoais com uma energia de amor, que eu chamava de Deus, na falta de uma melhor expressão. Em uma tentativa de aceitar o fato de que eu não conseguia articular essa experiência com facilidade, passei a perguntar compulsivamente a todos "O que é Deus?"

Nenhum instituto de pesquisa me contrataria, pois minha amostragem era evidentemente enviezada – composta de genuínos estudiosos. Muitos de meus amigos responderam algo como: "Se está falando daquele Deus antiquado, do fogo e do enxofre que pune, cujo ego é ainda maior que o meu, então não, eu não acredito nesse tipo de Deus à nossa própria imagem".

Depois desse repúdio comum, as respostas saíram bem divergentes. Alguns invocavam uma consciência cósmica, outros falavam de um amor divino, outros ainda invocavam uma Sabedoria que funcionaria de acordo com as leis naturais. Mas o resultado final foi o senso comum de que cultivavam uma relação significativa com uma inteligência superior cada um a seu modo.

Joan e Gordon: Quer seu Deus seja uma orientação espiritual pessoal ou impessoal – e nossos gurus divergiram bastante nesse ponto, assim como nossos amigos –, a relação com essa "consciência" é algo intensamente pessoal. Existe sempre um caráter imediato, uma direção, uma sensível percepção nesse nível de comunicação. Deixando poucas dúvidas de que você seja o receptor da mensagem e que alguma coisa muito nova está sendo revelada. Não importa se a informação sobrevenha de um sonho, da sincronicidade, de perguntas, meditação, orações ou como análise dos resultados de seu comportamento. A orientação ajuda a nortear um grau maior de consciência, compaixão e ações assertivas.

Acreditamos em Deus?

Toda religião tem um padrão moral – um tipo de prescrição específica para seguir uma boa vida. Esses preceitos são úteis até certa medida, mas a orientação espiritual fornece um nível de direção mais pessoal, que fala diretamente conosco. Há vários exemplos históricos em que a humanidade sentiu a necessidade de uma consulta para saber que rumo tomar. A reforma protestante foi um deles, definindo o surgimento da moderna democracia ao transferir o poder de autoridades artificiais para a consciência individual. Como resposta aos abusos de poder, Santo Inácio de Loyola – enquanto envergava a capa do catolicismo –, nos ofereceu seus exercícios espirituais, uma maneira de sintonizar a alma individual com a Vontade Universal ou divina.

A era em que vivemos é uma vez mais de autoridades desacreditadas, nas empresas, governos e religiões, nos deixando uma lacuna enorme em termos de fé. Por isso, este livro vem em boa hora, na tentativa de traçar nossa rota para a experiência espiritual mais plena. Saber que essa orientação espiritual está sempre disponível a todos, hoje em dia, em tempos de descrença e desconfiança, é crucial para encontrar o próprio caminho.

Para aprender mais sobre o funcionamento dessas ainda pequenas vozes de nossa autoridade interior – nossa conexão com a Inteligência Superior -, perguntamos aos gurus sobre suas experiências. Desde rumos desagradáveis até uniões com as noites negras da alma apareceram nas conversas. Eram experiências próximas e pessoais. As orientações recebidas por cada um dos gurus não são revelações voltadas para massas, mas absolutamente individuais. Precisas e, em alguns casos, totalmente transformadoras, mudaram a percepção pessoal da realidade para eles.

Os três grandes temas que surgiram mais claramente foram:

1. A crença na orientação espiritual é o fundamento principal. Se não acreditar em alguma forma de inteligência superior, consciente ou não, você não estará interessado em ser guiado pelos campos do espírito.

2. A orientação espiritual é uma relação profundamente pessoal com o Deus ou como queira chamar. Serve a qualquer sistema de crenças, com um diálogo aberto e uma atitude suave e curiosa diante do que pode vir a ser revelado.

3. A orientação espiritual o convida a olhar para além da superfície de seu apego para enxergar de fato como se movimenta o espírito em sua vida no presente, para ajudá-lo a desenvolver maior percepção, compaixão e objetividade no mundo.

Experiências de confiança em um Deus interno

A sacerdotisa episcopal Suzanne Fageol falou sobre uma experiência que teve aos três anos de idade. Em tenra idade, não poderia descrever em palavras e muito menos contextualizar. Para além dos limites externos do conhecido, a experiência criou uma sólida base para o resto de sua vida:

> Eu tirava uma soneca na casa de minha avó, e trovejava lá fora. Com medo, escondi a cabeça sob o travesseiro. Quando a tempestade parou, puxei o travesseiro de lado e avistei um belo e enorme carvalho pela janela. Enquanto observava a árvore, percebi que o sol atingindo cada gota de chuva transformava cada uma delas em uma árvore de cristal com arco-íris. Em seguida, eu já não era eu mesma; eu não tinha mais um corpo. Me senti fundida e envolvida nessa incrível experiência de amor. A partir daquele momento, meu caminho foi mostrado – não algo específico como "você será uma sacerdotisa episcopal", mas como um caminho para servir a esse amor, a esse mistério. Essa foi a minha primeira intimação para voltar para dentro de um sentido dissociado.
>
> De início me sentia em união, e então ouvi o chamado –o próximo passo foi sentir como se atirada de volta a meu corpo, como se pudesse me ver deitada na cama. Eu soluçava naquela sensação de paz. Era um sentimento de anseio pelo amor divino...
>
> Hoje, quando peço orientação espiritual, é a partir daquele estado profundo de amor que alcanço meu ponto mais básico, meu ponto raiz, e de lá me abro para receber. É uma experiência muito sólida e transcendente – é importante para mim que as duas sensações estejam presentes. Se qualquer uma delas faltar, será uma falsa orientação.

A presença de Deus na descrição da reverenda Suzanne é uma graça que a serve muito bem há anos. Foi uma experiência direta de presença amorosa, entrega total e relaxamento interno, que a levou a deixar de lado suas próprias preocupações enquanto se abria para receber as orientações de uma fonte de inteligência maior.

Oriah, a Sonhadora das Montanhas, também fala de Deus como um companheiro constante em sua jornada: "Desde quando eu era criança, minha primeira lembrança era a de uma presença que estava comigo. Havia certa qualidade nela que se mantinha constante – uma sensação abrangente, amorosa, e duradoura".

Já para o rabino Rami Shapiro a experiência com a divina presença ocorreu quando adulto. Ele nos conta que repetia todos os dias, durante anos, a palavra em hebraico *ahava rabah* (amor infinito) para não se esquecer de que o amor de D'us é infinito.

Rami – um homem que trabalha duro, procura sempre fazer suas coisas direito e sempre quer fazer mais e melhor – ri bastante ao explicar: "Estou acostumado a receber rendimentos, como resultado do mérito".

Joan: Balancei a cabeça afirmativamente, já que aquele homem era um espelho para meu padrão de produtividade no trabalho. Sentindo a fraqueza e a impotência diante de circunstâncias de cobrança, a idéia de que o amor de Deus é infinito, pessoal e incondicional tende a parecer uma simples abstração. Apenas um momento de graça poderia ter levado o rabino a uma experiência direta daquele amor... uma revelação palpitante.

"Você não pode ganhar o amor de D'us. Você pode apenas aceitá-lo ou rejeitá-lo. Aprendi isso através da orientação, percebendo que sou amado por aquilo que sou. Essa foi a experiência transformadora, extinguindo de vez meus pensamentos sistemáticos em busca de iluminação. A palavra *Kabbalah* significa "receber" – o próprio ato de entrega ao inesgotável e infinito amor de D'us. Trata-se de abrir as mãos e o coração para esse amor, e passar a integrar o fluxo divino. O sentimento de ser amado incondicionalmente por D'us é talvez a experiência mais transformadora que já tive", conclui o rabino.

Para a sufi Taj Inayat, a experiência de uma união divina é tão pessoal e privada que só poderia apontá-la de modo indireto: "Minha profundidade espiritual é a intimidade com Deus. Não descobri ainda uma forma de ensinar sem perder sua verdade essencial. No sufismo existem algumas dimensões do coração. No centro dessas dimensões há um templo, um santuário perfumado onde o casamento místico acontece de forma poética. Esse lugar é reservado apenas para a alma e Deus. Portanto, não há como falar disso sem...", hesita incomodada enquanto procurava a palavra correta, "...macular".

Evitando o materialismo espiritual

Uma forma de macular as experiências com a presença divina é tratá-las como um objetivo – como se fosse um prêmio para quem busca a espiritualidade.

Durante muitos anos, nos meus 40, eu tinha poderosas visões da luz divina, sonhos muito significativos e estava avançando nas habilidades psíquicas, chamadas *siddhis*.

Certa noite, em um sonho lúcido, decidi flutuar em união com a luz divina, fixando minha cabeça em uma nuvem. Como nesse tipo de sonho a consciência costuma se manter normal, comecei a rir da óbvia mensagem: minha cabeça estava, na verdade, presa nas nuvens. Eu precisava voltar à Terra e trabalhar naqueles limitados aspectos de identidade – o ego – que me impediam de estar presente com o dinamismo inteligente.

Joan e Gordon: O anseio de ver figuras místicas durante a meditação, desenvolver poderes psíquicos, e outros desejos parecidos são conhecidos como desvios no caminho – ou ainda *desvios magnéticos*. Golpeiam o ego e fazem com que você se sinta especial, em vez de encorajar a se afastar, para que a verdadeira natureza surja no cotidiano da vida. Um critério muito mais autêntico de crescimento espiritual é a liberdade interior – a vontade de estar presente no que está acontecendo agora e não se deixar prender por nenhum pré-julgamento, desejo, medo, resquícios do passado ou inconformismo. A reverenda

Cynthia Bourgeault explica a atitude da liberdade interior de modo bem simples: "A liberdade interna é a profunda vontade de se fixar num momento e encontrar sua plenitude. Perceber e sentir que qualquer coisa que esteja em seu caminho está correta, permitindo-lhe assim se entregar ao momento e deixando que a orientação se revele".

Você pode até não saber para onde a orientação o conduzirá, mas quando se torna mais consciente dela, cresce a confiança de que certas etapas são as corretas. Você pode estar dando um salto rumo à fé, mas sabe que não está pulando numa piscina vazia. Caso esteja receptivo às mensagens sutis que falam de uma realidade espiritual logo abaixo das aparências, então os sinais que o levam de volta à sua verdadeira natureza se tornam mais fáceis de localizar. A confiança na orientação aprofunda-se organicamente na medida em que os resultados obtidos por tê-la seguido tornam-se mais concretos.

Confiando na orientação

A irmã Mary Dougherty respondeu nossa pergunta descrevendo como caminhava de um passo a outro quando disposta a prestar a atenção e a ouvir:

> Eu diria que, na maior parte da minha vida, a experiência de orientação, na verdade, foi mais uma permissão para que eu a reconhecesse do que uma direção a seguir. Era um movimento, por assim dizer, de uma luz para outra luz. O que poderia dizer era apenas "Não tenho a mínima idéia do que está acontecendo", mas tal etapa parecia ser certa. E também havia uma profunda confiança interior. Quando avalio as escolhas que eu fiz a partir daquela sensação, sem base em nenhuma análise racional, fico absolutamente espantada até onde isso me trouxe. Há momentos em que me sinto livre para ouvir aquela orientação ou para entrar em contato com ela. Outras vezes, preciso rezar para esse senso de liberdade ou reconhecer em mim meu aprisionamento. Tenho que

abrir mão das coisas e a aprender a escutar com mais atenção – e é aí que eu estou quando ouço mais profundamente.

Eu acho que a orientação espiritual está sempre disponível. Ela está sempre lá, mas o meu ego fica tão separado de meu próprio Eu que perco o contato... por isso, me vejo tão apanhada pelas minhas estreitas elaborações, que não consigo ver mais longe. Mas existe alguma coisa sobre a orientação... é como se fosse a Flor de Lótus se abrindo com a luz, para ver além dessa estreiteza. Nesse momento é quando a interconexão se torna mais verdadeira para mim. Está tudo lá, eu só preciso abrir-me para ela.

"Abrir-se, em geral, não se trata de fazer", explica a quaker Mary Hey. "Trata-se mais de perceber o que vem até quando silencia seus pensamentos. O único obstáculo para ver as orientações claramente sou *eu*... O espírito Santo intervém de alguma forma e aponta uma direção."

Para ouvir essa direção, segue Mary: "Temos de parar diante tanto das dúvidas pequenas como das grandes. Aprendemos quando dar uma pausa, quando é hora de nos conectar e quando questionar, mesmo para as pequenas situações cotidianas".

Estar sempre aberto ao que pode haver de novidade em cada momento é o processo que define a atitude dos quaker frente à orientação espiritual: buscar, ouvir, esperar, ficar disponível, testemunhar, rever – tudo isso requer o silêncio do ego, e de todos os interesses e desejos. Subjugar o ego é uma radical prova de confiança num espírito guia, que sempre tenta com bravura falar em lateralidade com a alma para nos direcionar.

A educadora quaker Patricia Loring contou-nos duas histórias deliciosas sobre a confiança radical. A primeira, uma história praticamente lendária, de origem duvidosa, mas que ela gostava porque preservava a imagem de Deus em que acreditam...

Por volta de 1700, nos Estados Unidos ainda colonial, um

quaker viaja a pé até as ruínas de uma velha casa, na floresta. Ele se abriga nas ruínas para descansar e acorda com a sensação de que devia falar em voz alta – como um ministro que deve falar o que vem à mente quando há uma ordem. Embora parecesse um tanto ridículo discursar sozinho no meio do nada. Depois de alguma hesitação, fica em pé e discursa assim mesmo. Sentindo-se aliviado, pega a sua mochila e segue caminho. No dia seguinte, ao chegar a um acampamento, ele escuta a história sobre um homem que, no dia anterior, discursava sozinho na floresta próximo a umas ruínas, quando ouviu uma voz orientando a mudança de rumo de sua vida.

Essa história pode ser apócrifa, mas Patricia nos disse que há muitos registros históricos de vários "amigos" que acreditaram em orientações inesperadas, quando em oração silenciosa, meditação ou no culto.

Uma dessas histórias aliviou os refugiados na faixa de Gaza, em 1948, enquanto o Comitê Americano de Ajuda avaliava todos os requisitos, fazia o balanço de recursos materiais e humanos, e concluía que não haveria modo para realizar a tarefa destinada. Tristes, decidiram orar juntos. Ao final, havia unanimidade de que deveriam seguir adiante com o projeto, apesar do acordo geral de que seria impossível de se realizar. Segundo Patricia: "Assim que você ultrapassa a racionalidade e o utilitarismo, começa a acreditar em algo além, que é o contrário do 'conhecimento' de nossa cultura." É difícil pensar ou agir fora das amarras – estar aberto para seguir uma direção mesmo que pareça sem sentido – a menos que esteja firmemente posicionado sobre um terreno espiritual. A fé na orientação pode ser sintetizada como o reconhecimento de um padrão de crescimento e evolução para nos nortear.

Confiar no desconhecido possibilita seguir essas sutis orientações. Em alguns casos, mesmo os estados de desconforto são aliados na jornada, porque a tensão advinda pode afastar o ego e, assim deixar a luz de uma nova compreensão penetrar.

Confiando na incerteza e no estresse

Quando perguntamos ao ex-padre jesuíta doutor Wilkie Au se ele gostaria de partilhar algum exemplo pessoal de orientação, ele escolheu um de incerteza como guia para nos contar:

> Uma de minhas mais dramáticas experiências ocorreu depois de um ano de seminário. Uma vontade súbita de largá-lo me abalou bastante. Era menor quando entrei, e meu pai tinha sido contra. Quando estava decidido a sair, fui levado ao encontro de meu diretor espiritual. Estava prestes a completar 21 anos e poderia permanecer legalmente, então era essa a última oportunidade de sair sem fazer os votos. Ele sugeriu que eu fizesse os votos em particular.
>
> Assim o fiz, e todo o meu remorso e resistência cessaram. Tudo voltou à paz. Minha inquietação desapareceu. O diretor foi capaz de ver alguma coisa em minha experiência e percebi como uma dádiva de Deus. Aquela foi uma das primeiras vezes em que meu diretor espiritual tinha sido tão impositivo. Foi sua intuição que me ditou a ordem, antevendo o que se passava em meu íntimo. Acho que foi uma inspiração divina – porque era um comportamento completamente fora de sua personalidade. Depois desse episódio, me senti muito em paz por ser um padre jesuíta. Esse foi uma das maiores pedras em meu caminho.

Perguntamos a ele: "Sua resposta foi então imediata e sentida, uma sensação de paz?"

Ao que doutor Au respondeu: "Sim, a paz para os cristãos é uma característica marcante da presença do espírito Santo, ao verificar a correção de uma decisão. Se acontece uma agitação muito radical, devemos refletir sobre o que está nos inquietando".

Doutor Au foi muito afortunado por ter um diretor espiritual – uma alma amiga qualificada para ouvi-lo e ajudá-lo a transformar o estresse em esclarecimento sobre o movimento do espírito em sua vida. Para ele a inquietação é considerada parte integrante de nosso sistema interno de orientação. O monge budista Ajahn Sona também compartilha dessa idéia: "Se você se sente perdido, então está. Mas se perguntar se está em harmonia, não estará. Não se sentirá bem".

Na ansiedade, você pode continuar a se enrolar cada vez mais, ou pode parar e ouvir o estresse. Ele lhe dirá onde se encontra a desarmonia e aí você poderá fazer escolhas mais saudáveis. Monge Sona cita Buda para definir o dharma: lindo no início, lindo no meio, e lindo no final. Portanto, se a vida não é maravilhosa agora, exatamente onde você está, é um sinal de que você não está seguindo o dharma, um caminho de harmonia. É como um alcoólatra no fundo do poço, quando adere ao programa de 12 passos, dos Alcoólicos Anônimos. A desarmonia pode ser um sinal para re-afinar sua trajetória espiritual, talvez de outra forma, nunca seria descoberto o caminho.

O estresse, a desarmonia e a depressão são estados de aparente ausência do amor divino. Mas é justamente esse "eclipse" que é chamado *A Noite Escura da Alma*. Os místicos cristãos do século XV são João da Cruz e santa Tereza D'Ávila diziam que esses são tempos em que não se pode enxergar o movimento do espírito, como se a conexão com Deus parecesse secar. A rabina Tirzah Firestone refere-se ao que chama de "eclipse da face".

"Quando o *hester panim*, 'o eclipse da face' é prolongado, não somos capazes sequer de discernir, sentir, ouvir ou ver a face de Deus, que tanto ansiamos. Algo está obstruindo a conexão, e esses são tempos extremamente difíceis, portanto."

No entanto, as pessoas que nunca questionam a fé e se sentem eternamente iluminadas são motivo de preocupação para a rabina. Para ela, são esses vazios temporais de dúvidas e mágoas que servem para aprofundar nossa experiência, que nos levam a cultivar a compaixão e retornar mais serenos para o caminho autêntico.

"O que podemos fazer com furacões, tsunamis ou terremotos que tanto sofrimento causam? O que podemos fazer com o câncer que ameaça a nossa vida ou a de nossos entes querido? O que podemos fazer com a guerra e o genocídio?" A rabina Tirzah compara o tsunami com a feroz deusa hindu Kali –, que deu à luz o mundo e devorou sua própria cria. Para quem dá murro em ponta de faca, ralhando contra a face escura de Deus, a rabina convida a entrar no espaço sagrado e conversar diretamente com o Criador... Não para reclamar e chorar o leite derramado, mas para uma conversa íntima com a fonte da vida. É o *chutzpah* – o fascinante método de enfrentar o leão em sua própria cova. É preciso coragem.

Tirzah sugere a seus discípulos que "falem diretamente com Deus" através do *Atah,* "você" em hebraico. Deve-se repetir três vezes a palavra e bradar suas reclamações. É a representação da imagem de Jô, furioso, confuso e magoado, brandindo seu punho contra Deus. *"Você! Você! Você! Do que se trata todo este sofrimento? Tem alguém aí? Com quem estou falando?"* (não tente fazer isso em casa sem um mentor espiritual a seu lado.)

Essa experiência abre um portal para o sagrado outro. Outra imagem que nos vem à mente é a de Jacó lutando com o anjo de Deus nas margens de um rio. Então um jovem assolado pela amarga experiência de ser traidor e traído, Jacó roubara seu irmão Esaú e se exilara. Seu futuro sogro, então, escondendo a bela noiva Rachel – comprometida com Jacó – colocou sob o vestido de casamento a horrenda Leah, sua irmã. Trabalhando arduamente para o sogro, entretanto, Jacó finalmente ganharia o direito de se casar também com Rachel.

Depois de muitos anos no exílio, Jacó volta finalmente para casa com suas esposas, sua concubina e uma prole enorme, além de um grande rebanho. Mas os problemas de Jacó só estavam começando. Seu irmão Esaú soube de sua volta e procurava por ele em comitiva. Ao cair da noite, Jacó se dirige à margem do rio para refletir. É aí que aparece o anjo e eles lutam até o amanhecer. Ninguém desiste, até que Jacó compreende o problema e, só a partir daí, o sentido de sua vida. Satisfeitos, ambos cessam a luta à luz da manhã.

Mas Jacó já não era mais o mesmo. Aleijado na altura da coxa, por onde o anjo o segurara, devia, então, caminhar no passo dos enfermos, dos feridos e das lactantes. Ele se tornara mais sábio, compassivo e pronto a perdoar e ser perdoado. Deus lhe deu assim um novo nome, *Israel*, "aquele que luta com Deus". Muitas vezes, é assim que a orientação se parece: uma luta com Deus.

Chronos e kairos: Um nível profundo de se ouvir a vida

Existem duas interpretações possíveis para a história de Jacó. A primeira é linear e lógica – onde a consideramos apenas literalmente. É o nível de *chronos*, a palavra grega que significa "tempo". Mas há um segundo nível em que se aprofunda o significado espiritual interior: *"kairos"*, "o tempo eterno". O nível *kairos* da história de Jacó diz respeito ao seu novo nome. É uma mudança fundamental a da identidade, após a luta com o anjo. O falso e limitado eu fica para trás e então ele mergulha numa "versão ampliada" de sua identidade, a verdadeira natureza.

Pode ser tentador pensar no crescimento interior como garantia de sucesso, mas nem sempre é verdade. A couraça do ego tem que ser quebrada por inteiro para o espírito germinar. Quando estamos apressados, naquela urgência de fazer mais em menos tempo, podemos acabar quebrando a cara. Mais cedo ou mais tarde, esgotados e oprimidos, atingimos então o fundo do poço, experimentando uma verdadeira sacralidade nessa impotência. Só aí estaremos maduros o bastante para investigar um possível movimento do espírito.

A constatação de que não existe uma dádiva isolada, que possibilita mudar a vida por um controle absoluto e esforço heróico é árdua. Exaustas pelo excesso, pessoas assim tendem a simplesmente abandonar o projeto, só aí se sentirão prontas para perceber uma espécie de vento invisível soprando sob suas asas. É questão de se inclinar e se deixar levar. É só através da entrega que uma divina e co-criativa parceria poderá se manifestar.

A esperança numa administração de um mentor espiritual operando a situação é a de que possa ouvir o *chronos*, a história do ego, e refleti-la sobre o *kairos* – a história da alma.

Questionado sobre qual teria sido a utilidade desse direcionamento, o professor Wilkie Au respondeu: "Quando senti que ouviram minha história e me ofereciam uma explicação espiritual sobre o que acontecia em minha alma, aquilo reverberou dentro de mim".

"Não teria sido apenas um reflexo do que se passava", replicamos, "mas que acresceu uma dimensão realmente espiritual na interpretação de sua vida. Isso deve ter iluminado o significado interior."

Percebemos um tema subjacente à alma, um significado interior, ao ouvir os gurus. É no cotidiano que Deus (conhecimento, verdade absoluta) estende a mão para nós e envia instruções de viagem. A carta já está devidamente gravada em nosso coração. É nosso verdadeiro eu, mas é Deus quem nos alcança e nos lembra o que está inscrito em nosso DNA espiritual. Tanto faz se toma a forma de conexão direta, direcionamento sutil, ou de um estresse intenso – é uma carta mágica que nos chega diretamente das mãos do criador, um guia amoroso.

Uma confirmação do alvo certeiro dessa força amorosa através do tempo-espaço pode ser retirada das histórias que o padre Keating ouviu dos participantes de seu congresso anual: "Durante 20 anos, a experiência do congresso tem demonstrado o diálogo profundo entre espíritos elevados em suas tradições, revelando um senso comum: a intimidade com essa presença divina normalmente está mais próxima de nós do que nós mesmos – é a centelha divina dentro de nós, à nossa volta e em todo lugar".

Nosso coração, quando desperto, é o receptor ideal para captar os sinais do Coração divino. E nós irradiamos aquele amor. Quanto mais amor gerarmos, na forma de intimidade com a vida e gratidão, mais abrimos nosso coração e mais orientação recebemos. As coincidências acontecem quando há coerência no campo das possibilidades, e o guia nos abre o caminho: os cientistas recebem inspiração para seus experimentos; os pais recebem a notícia de que existe uma nova escola ideal para seus filhos; um escritor recebe a idéia de um novo romance na conversa com um desconhecido. Seguindo o movimento do amor – paixão, gratidão, desejo de saber mais sobre a vida – todos acabamos descobrindo um verdadeiro tesouro.

Ouvindo o "vetor de amor"

Kabbalah significa *receber* conforme nos disse o rabino Rami. Quando abre-se o coração e as mãos são erguidas a Deus, o fluxo divino volta a correr. Quando nos sintonizamos com esse fluxo divino – o *kairos* – é como se nos alinhássemos ao vetor do amor.

Essa é expressão da irmã Dougherty ao ilustrar como podemos, num estado transparente de orientação, ouvir uns aos outros. Ela descreve o vetor do amor como a oração de Deus para nós, que se desdobra em nosso coração como uma verdadeira orientação. Quando você é demitido de um emprego, por exemplo, pode-se gerar uma discussão sobre seus verdadeiros talentos e dons. Um vício pode ser a maneira que o amor encontrou para criar a oportunidade de desmantelar o falso eu, para fazer a verdadeira natureza brilhar.

Mesmo na total inconsciência, Deus constantemente estará envolvido com o coração humano. Está presente convidando, desafiando, apaziguando com amor, aceitando as pessoas como são – amantes no lar do amor. Em algum momento de nossa jornada espiritual, somos despertados para um caso de amor e a subseqüente escolha de se reclamar sua primazia em nossa vida.[1]

"Nossa busca, o nosso querer, é reflexo da busca de Deus por nós", acredita a irmã Rose Mary. A ânsia que sentimos por orientação é uma resposta à "oração de Deus em nós", um chamado para o reconhecimento e comunhão mútuos.

O xeque Kabir Helminski põe em outras palavras: "Os papéis do amante e do amado se alternam entre Deus e os seres humanos. O homem é o amado, e Deus é o amante – isso para saber o que é a veneração. A verdadeira veneração só é possível quando compreendemos que somos amados por alguma coisa infinitamente generosa e maravilhosa".

Foi essa a compreensão que ouvimos de muitos gurus na graça de ser amados por essa força maior.

Joan: A idéia da existência de um Deus pessoal – que cuida especialmente de mim – é comovente. Durante anos, mesmo depois de experimentar esse amor em estados místicos, parecia que aquele relacionamento tinha acabado por completo. A clássica *Noite Escura da Alma*, quando Deus desaparece de vista e nos sentimos sozinhos e desolados.

Trabalhar neste livro tornou-se uma forma de orientação espiritual para mim. Eu saí daquela noite escura e minha fé nunca mais foi a mesma, se tornou mais profunda e mais madura, penetrou a superfície. Quando mergulhamos além da superfície, o alinhamento com o "vetor do amor" faz mudar o brilho de tudo.

Joan e Gordon: Essa mudança essencial da superfície (*chronos*) para a profundidade (*kairos*) é a diferença entre comer a casca da laranja e comer o fruto. Quando um estresse, ou uma noite escura bater à porta do coração, pergunte *O espírito está aí?* ou *Para onde se move o vetor do amor?* A pergunta sincera permite que a bússola de sua alma receba as verdadeiras coordenadas.

Em qualquer situação, respire fundo e se entregue ao espírito. Permita que ele cuide de você tal qual a terra alimentando as raízes de uma árvore. Confie nele e receba seu alimento. Mesmo nos momentos de abandono, o guia o coloca de volta ao prumo. Não importa se você está se movendo de uma luz para outra luz ou saindo da escuridão, como uma semente que germina a procura da luz solar. É esse o segredo da jornada: é a mesma distância de casa, não importa onde estiver – o que na linguagem paradoxal da jornada não é nenhuma distância. Você já está lá.

Capítulo 4

Intimidade...
Vendo com os olhos do coração

*"Você só pode ver as coisas certas com o coração;
O que é essencial é invisível aos olhos."*
Saint-Exupéry

Não obstante a forma que possa tomar, a orientação espiritual é um processo de conhecimento paradoxal. Nós sabemos, mas não temos certeza de como, por que nossa mente, racional que é, não reflete suficientemente sobre o assunto.

Por exemplo, ao encontrar um espírito semelhante pela primeira vez, um sentido de reconhecimento sutil o toca. Não em nível externo, embora suas almas partilhem de uma profunda compreensão. Esse tipo de conexão íntima, através do véu da familiaridade superficial demonstra uma requintada comunhão. Aí estão simultâneos tanto o objetivo da jornada quanto sua felicidade inerente.

Ver através dos olhos do coração significa olhar sob as aparências. A mente – cuja função é catalogar, comparar, julgar e codificar as experiências – supera-se com o tipo de conhecimento baseado na absorção sensorial e na memória. Mas existe outra forma de conhecimento, tão íntima que apenas os poetas se atrevem a expressar em palavras. É tão vívida e imediata que não há separação entre o conhecedor e o conhecimento. Nós nos tornamos e reconhecemos o que já somos, unos e interligados a uma teia de inteligência amorosa que está tão perto quanto nossas mãos e pés... Embora tão vasta como o universo. Nessas experiências, a cortina do sono se abre e nos encontramos face a face com a fonte de orientação.

Quando perguntamos a um dos poetas de nosso painel sobre a questão que detalha este capítulo, como o coração – o mistério do amor – influencia aquilo que entendemos por orientação, Daniel Ladinsky respondeu: "O coração ter inteligência parece estranho, mas é aí que a grande inteligência começa: no coração. E para mim, amor e inteligência são a mesma coisa".

O coração íntimo e desperto

Na reflexão do xeque Kabir:

> Como sabermos se nosso coração está desperto e sensível e não em letargia? Quando o coração não funciona como deveria, percebemos o que está à nossa volta como coisas. Até mesmo as pessoas são coisas, e as tratamos como tal. Quando o coração está aberto e saudável, percebemos que vivemos num universo afável. Sentimos a gentileza dos seres humanos, enxergamos a face de Deus em todos os lugares. Todo o universo está vivo e consciente.
> O mesmo grau de abertura do coração é o grau em que vivemos em um universo amoroso. Desconfio que a dimensão dessa experiência seja infinita.

A maioria de nós vislumbra esse despertar apenas de relance, mas a experiência está lá como o acordar de um sono profundo.

Gordon: Trinta anos atrás, eu vivia em uma fazenda perto das montanhas, no Colorado. Em um dia brilhante como qualquer outro – assim que pisei no chão da varanda – um súbito silêncio me atingiu de forma tão aguda que nunca antes tinha sentido. Uma cortina invisível se levantava. Meus pensamentos cessaram, perfurando a membrana entre a mente descritiva e a percepção direta.

A verdade suprema se manifestava ali, bem diante de meus olhos, capturando minha atenção em um momento de pura graça. Um mundo profundo e imediato se revelava em todos os meus sentidos e me carregava silenciosamente para a luminosidade de meu ser. O topo das árvores, o algodoal ao longe e o cume nevado das montanhas vibravam de vida e energia. Todas as coisas vivas, a terra e o céu, emergiram como uma teofania – o aparecimento de Deus. A batida rítmica da criação – seu maravilhoso pulsar silencioso de inteligência e amor – se expunha sintonizando a batida de meu coração. Naquele momento, o tempo parou e me peguei orando para nunca mais dormir. Foi a prova do que é um coração desperto.

Joan e Gordon: Essas experiências são reveladoras no sentido de que expõem tanto nossa verdadeira identidade quanto a realidade maior da qual fazemos parte. Quando o pensamento pára e o ego cessa, o verdadeiro eu se revela de uma forma muito especial e compensadora, explicando qual é a nossa parte como engrenagem do mecanismo geral das coisas.

Hameed Ali descreve assim: "Há pessoas que se prendem à escrita, acreditando que a revelação já aconteceu para alguém – e que está aprisionada num livro. Com a experiência mística, você não se apega mais a essas coisas, mesmo que acredite nelas. Você necessita de sua própria revelação, que será sempre nova".

George Fox, o fundador da tradição quaker, ao ser indagado como reconhecer a orientação, respondeu de modo semelhante a Hameed. Para Fox, ela se caracteriza tanto pelo imediatismo como pelo sentido personalizado. É uma nova revelação que desafia os outros a procurá-la em sua própria vida.

A orientação espiritual como uma revelação do amor

A experiência da orientação como revelação, de acordo com nossos gurus, é caracterizada por um profundo sentido de ligação e de *conhecimento* íntimo – como um alpinista hesitante que passa a amar o rochedo, a subida se revela organicamente para ele. A sabedoria do coração não é um ato isolado, requer tanto quem ama quanto quem é amado. A união desses dois dá origem a um terceiro, o filho da intimidade – uma emergente qualidade totalmente nova e vital. Trata-se de uma revelação porque vem à luz pela primeira vez.

Hameed prossegue:

> A orientação só aparece como resposta ao amor do coração. Se o coração está envolvido – amando – e se estamos realmente empenhados em descobrir mais sobre a realidade, desejosos de vê-la, de amá-la mais do que qualquer outra coisa, então a orientação se manifesta.
> E toda a revelação se torna um caso de amor, assim como o desejo de conhecer a pessoa amada é maior do que tudo na vida. Por isso não podemos fazê-lo racionalmente. Se assim fosse, a orientação não surgiria. Sem que o coração esteja aberto e desejando a verdade para seu próprio bem, a orientação não funciona.

"Como está dito em *The Cloud of Unknowing*", cita padre Thomas Keating, referindo-se ao texto místico do século XIV, " não podemos conhecer Deus pelo 'conhecimento' obtido nesta vida, mas apenas através do amor. E assim, o amor é um tipo de conhecimento, ou uma forma de raciocínio."

O rabino Zalman não gosta de deixar as coisas no ar e prefere assim: "Imagine um ponto entre o terceiro olho e a região occipital. Agora, imagine uma linha entre eles e outra linha cruzando a primeira; por fim, coloque-se nessa intersecção. Agora, visualize esse ponto sendo sugado para dentro do coração.

> A partir desse ponto, olhe para a outra pessoa e verá que há outro modo de ver, diferente do enxergar com os dois olhos. É necessário ir além do corpo, da "casca", para não tornar-se um ser impessoal. Ver com o coração é outra história. Apenas desta maneira poderá saber o que o outro deseja, o que o mobiliza, qual é seu destino, seu objetivo na vida...

Pela minha mente, trabalho só com a realidade – qual a habilidade dos outros para transformar algumas coisas e tal. Mas, pelo coração, tenho uma idéia de quem são essas pessoas e qual seu destino."

Os olhos do coração são órgãos de divina percepção. Apenas quando somos apresentados ao coração é que podemos tocar a realidade original e vivê-la, penetrando a realidade superficial com uma espécie de visão de raio X espiritual. O mundo familiar se mostra transparente, revelando a aparência luminosa do uno.

Para os sufis, Deus é um tesouro escondido anseando por ser descoberto – enquanto tentamos nos relacionar com esse mistério, o mistério anseia por revelar-se. Isto é o que diz Taj Inayat:

> Para Hazrat Inayat Khan, o fundador da Ordem Sufi, o principal objetivo da vida interior é transformar a relação com Deus na mais central e importante de todas as demais relações. E existe um perigo nisso, porque não conseguimos deixar de pensar em Deus como algo separado de nós. Num sentido, Ele está separado – de nosso ego –, mas Ele não está separado em verdade. É importante que coloquemos nossa ligação com Deus no centro de todas as coisas, porque todas as demais pessoas e relacionamentos se tornam expressões dessa primeira relação...
>
> A forma mais profunda de Deus, presente em todas as coisas, é quando você consegue sentir o abstrato. Um dos ensinamentos sufi é como vir a conhecer esse Deus indefinido sem se tornar abstrato. Então, a mesma ligação de amor e alegria que sentimos pelo mundo, pela natureza e pelos outros – tudo isso deve ser cultivado através desse indefinido!
>
> Só há um modo de se fazer isso. É como tatear a essência e então sentir-se dentro dessa força invisível que é ainda mais sutil. É seguir o rumo sem ser abstrato.
>
> Hazrat Inayat Khan diz: "Bem, você ouviu a música e agora quer conhecer o músico?" É difícil dar um passo em direção ao indefinido. Mas este é o ensinamento – como ser sutil. Essa é minha forma muito particular de receber orientações...

"Ops!", interrompe Taj, "Tem uma pequena foca nadando bem em frente à minha janela."

Joan: "Então, você deve ter uma janela voltada para o oceano", observei, imaginando como deve ser maravilhosa a costa da Califórnia, onde Taj mora.

Gordon: Quando falávamos sobre o que Taj chamou de "o espaço onde a forma e a não-forma se encontram", associei ao que o sufi Ibn al'-Arabi chamou de *imaginação espiritual*, nossa capacidade de ver o manifesto e o não-manifesto com os olhos do coração. Quando vemos o não-manifesto – como Michelangelo, que dizia ver as formas de suas esculturas escondidas já na matéria bruta – podemos então trazê-lo à vida. Isso é a orientação espiritual trabalhando, manifestando-se no mundo das formas.
"Definitivamente!", Taj concorda, "e você tem que aprender a se dar a ela. Isso é uma arte."
"Você nos contava sobre encontrar os músicos através da música, seguindo aquela sensação sutil da presença de Deus", comentei com deleite, "e, em seguida, a foca apareceu e, de forma tão clara, tocou seu coração como uma teofania, uma manifestação de Deus."
"Orientação sincronizada!", Taj concluiu.

Joan e Gordon: Ficamos com a sensação de como é tênue o véu que separa o sagrado daquilo que nos parece familiar. Os sábios uniram suas vozes para dizer o que seria necessário fazer para perfurar o véu e ver toda a vida como uma contínua manifestação do divino, que está mais perto de nós do que nossas mãos e pés.
O segredo dessa alquimia será banir o tedioso senso de familiaridade que cobre o mundo. Quando algo é familiar, enxergamos como uma coisa, um objeto que está separado de nós. E sem curiosidade sobre a profunda essência daquilo que percebemos, não há intimidade.
Mas quando sabemos que a verdade de uma pessoa, de uma

flor, de um raio de Sol é sutil e misteriosa – que não chegaremos a conhecer sua essência se pensarmos sozinhos –, então o uno poderá se revelar através de nosso anseio por abertura e por estar inteiro no presente. Poderemos ver o formato de nossa escultura no mármore de nossa vida. O segredo é manter a percepção alerta – permitir ao mundo que a revelação seja constantemente mutável.

A sabedoria do não-saber

Quando perguntamos ao padre Keating sobre sua experiência pessoal com a orientação, ele riu: "Essa é uma viagem ao desconhecido. Não sabemos para onde vamos, ou se estamos na estrada certa, então ficamos abobados com o que Deus é capaz de fazer em meio a nossa impotência".

A humildade de admitir que a orientação espiritual não é algo que possamos "racionalizar" foi retomada por Ali Hameed: "O mais importante é a humildade. Nós realmente não sabemos qual o caminho certo a seguir. Nós não sabemos a verdade mais profunda. A orientação nos permite estar naquele lugar desamparado sem perder nossa nobreza de alma".

Esta intenção de se abrir mão dos parâmetros conhecidos apareceu repetidas vezes no discurso dos gurus, ao definir um estado mental de abertura para a sabedoria do coração. O rabino Shapiro conta uma história maravilhosa sobre a sabedoria do "não-saber" e como se relaciona com a vontade de abandonar conceitos familiares. O pano de fundo da história da Arca da Aliança, onde estão contidas as tábuas da Lei, demonstra como Deus teria sido meticuloso nas especificações de sua construção.

A caixa de madeira de acácia, que formava o corpo da Arca, deveria ter dois cúbitos e meio de comprimento e um cúbito e meio de largura. Deveria ser coberta de ouro puro e equipada com alças, para acompanhar o povo aonde quer que fosse. Dois querubins deveriam estar um de frente para o outro na tampa da Arca. Suas asas estariam abertas até o centro sem se tocar, criando um requintado dossel: "Lá irei encontrá-los, e entre os dois querubins que estão na Arca da Aliança, entregarei os meus comandos para o povo de israel." (Êxodo 25:22)[1]

Quando Moisés precisasse de orientação de Deus, devia colocar sua cabeça entre as asas abertas dos anjos. Quando o rabino Rami nos contou esta história, a frase principal que destacou foi "Deus não está na Arca!". Devemos procurar por Ele no espaço vazio entre as asas dos anjos, o lugar do não-saber, onde todos os condicionamentos e velhos conhecimentos são colocados de lado e podemos encontrar o mistério face a face.

Não devemos procurar o sagrado em formas exteriores ou naquilo que você acha que conhece. A revelação – ou a voz da orientação – não pode ser reduzida a dogmas, confinada a casas de adoração, ou ser reconhecida apenas pela mente racional. Ela surge de uma atitude humilde e curiosa, quando você se esvazia daquilo que acha que sabe e entra no mesmo estado de receptividade em que Moisés deve ter estado, quando se aproximou da Arca da Aliança.

O papel dos mentores espirituais não é ajudar as pessoas a *conhecer* alguma coisa. É ajudá-las a *não conhecer* – a manter o espaço do não-saber vazio, para que a visão mais profunda tenha espaço para se revelar. Krishnamurti diria sobre isso: "Só quando a mente está totalmente vazia, vazia do sabido – não em branco, mas vazia, com um sentido completo de não-saber –, só então o real passa a existir".

"No verdadeiro reconhecimento", explica a reverenda Cynthia Bourgeault, "é o coração que age em primeiro lugar, e a mente só percebe depois o que está enxergando."

O conhecimento do coração para o rabino Zalman:

"O problema é que não vem em forma de palavras, então quando tento explicar, já estou colocando uma camada sobre ele... No mundo da intuição, não tenho palavras. Mas se estou ouvindo, preciso ouvir as palavras da intuição, e não posso lembrar-me de nada do mundo da intuição, exceto quando surge no outro mundo. Então, eu costumo dizer que as almas conhecem muitas coisas, mas como é que o cérebro não consegue se envolver com esse conhecimento?"

O rabino Zalman é muito amigo do padre Thomas e ambos compartilham da mesma idéia, mas com definições diferentes. Padre Keating diz: "Quando as pessoas acham que estão sendo guiadas, ou que podem confiar em uma direção, isso é o não-saber, essa qualidade sutil que parece crescer primeiro na sinceridade da prática de alguém e na *profundidade de sua relação com Deus* – para algumas pessoas, isso não será sólido o bastante para aquela parte de nós que almeja certezas."

Na verdade, isso não é o desconhecido, mas é o saber para além do pensar, ou do uso racional da mente... Há formas mais diretas de conhecimento, mais experienciais – de uma qualidade espiritual – que são desconhecidas de nossos sentidos, mas que se tornam mais reais quando entramos no silêncio de Deus.

Por isso a prática da meditação é tão importante (em outras palavras, é quando você não está procurando aprender nem obter nada, está simplesmente aberto ao que acontecer). Ela nos habitua a esse nível de conhecimento. A meditação pode reduzir os obstáculos – que são nossa extrema dependência de nossas faculdades um tanto limitadas – e então podemos chegar até Deus, de modo tão profundo como se levantássemos o véu onde Ele se esconde.

Nós já temos essa capacidade, então esta não é uma louca jornada atrás de alguma coisa que não temos. Mas um despertar suave para a vida que desfrutamos e que está escondida pelas idéias ilusórias de Deus, do eu e da aventura da vida. É um pouco difícil satisfazer os teólogos nesse nível, porque eles querem proteger a distinção entre nós e Deus. Distinção, tudo bem, mas separação, isso não. É como dizem os hindus, "não dois, não um". É um paradoxo, mas é assim que é.

O filósofo americano Ken Wilber fala sobre a tendência do amor, como um princípio universal de orientação, como círculos concêntricos de auto-revelação. Se estivermos dispostos a segui-lo, nos levará a totalidades maiores, sem perder nossa individualidade, mas ganhando significado e profundidade. Quando nos deixamos guiar pelo coração, as qualidades emergentes surgem além das fronteiras do conhecido. É esse o momento em que o outro misterioso aparece – aquele que está mais próximo de nós do que nosso coração – e o reconhecemos como uma revelação de nosso mais verdadeiro eu.

Equilibrando a mente e o coração

Se você já esteve perto de alguém com Alzheimer, reconhece a importância de uma mente saudável. Sem ela, não é possível navegar pela vida ou saber se a orientação é ou não real. Perceber e seguir uma orientação é uma tarefa combinada de mente e coração, como diz a reverenda Suzanne Fageol:

> O modo como isso funciona para mim tem a ver com a constituição de minha personalidade. O truque em lidar com o coração é focar na sabedoria que ele traz sem se deixar levar pelo lado emocional. O que surge como uma verdadeira sabedoria é menos intenso do que as emoções normais – e isso é uma pista.
>
> Existe uma calma e profunda qualidade que inclui um sentido maior de mim mesma. Sinto como se estivesse mais ligado à minha alma do que à minha personalidade. Não deixo que esta desapareça, mas sinto a presença da alma. É uma sensação diferente – uma sensação de paz e de integridade. Pode ser uma armadilha emocional, considerar isso como um tipo de direção a seguir.
>
> Uma das falhas da espiritualidade da Nova Era é que ela mistura o coração com sentimentalismo. Mas era a isso que santo Inácio de Loyola se referia quando definiu consolação (a paz que se vê quando se está perto de Deus) e a desolação (o desânimo de sentir-se separado de Deus). A consolação vem do coração.

Quando assistimos pela primeira vez à palestra de Suzanne sobre consolação e desolação, este livro ainda estava nascendo, bem como nosso Programa de Aconselhamento Interespiritual Claritas (Claritas Interspiritual Mentor Training Program). A palestra foi o cair da ficha.

Joan: Percebi que devia estar num estado de desolação. A lembrança do tempo em que me sentia em comunhão com a inteligência superior – protegida e guiada por ela – me vinha à mente acompanhada de um turbilhão de lágrimas. O desejo de consolação era por si só uma forma de orientação, um convite para voltar ao estado de uma comunhão e relaxamento em relação à minha vida. O entendimento de que a consolação é uma expressão natural do espírito, que transcende o ponto de vista intelectual, foi uma virada em minha jornada de redescoberta da espiritualidade.

Joan e Gordon: Receber a orientação e depois agir sob sua influência requer um bom equilíbrio entre mente e coração. Essa idéia poderia se refletir em nosso sistema educacional, e parece que está começando a emergir em diferentes iniciativas, sejam laicas ou espirituais.

Fizemos uma viagem a Vancouver na primavera de 2004, para participar de um evento chamado "Balanceando a Educação da Mente com a Educação do Coração". Três Nobel da Paz foram laureados pela universidade local: Dalai Lama, que vive como um símbolo da humildade e compaixão; Shirin Ebadi, o corajoso iraniano defensor dos Direitos Humanos de mulheres e crianças; e Desmond Tutu, que ajudou a liberar a África do Sul do apartheid.

Era assombroso assistir aos acadêmicos representando a nata do conhecimento intelectual, curvando-se ao que os homenageados representavam – a sabedoria do coração.

A mensagem que depreendemos dali é que se passarmos mais um século educando as mentes sem balancear essa instrução com o coração desperto, seremos levados inevitavelmente ao caos. Einstein teria concordado com eles. Sua mente brilhante ajudou a desenvolver a bomba atômica, mas seu coração igualmente brilhante entendeu a complexa teia de relacionamentos que poderia ter impedido que ela fosse lançada.

A razão final pela qual procuramos por direção espiritual é que cada um de nós, quando se encontrar com seu verdadeiro eu, ganhará potencial para agir com um intento mais focado, o que poderá trazer mais luz a nosso perturbado planeta. Einstein sumarizou a importância de reconhecer a unidade por trás de nossa aparente separação, e como esse reconhecimento pode criar um círculo de completude e harmonia para beneficiar a todos:

> O ser humano é parte de um todo, chamado por nós de universo, uma parte limitada no tempo e no espaço. Ele experimenta a si mesmo, seus sentimentos e pensamentos, como algo separado do resto... Uma espécie de ilusão de ótica de sua consciência. Essa ilusão nos aprisiona, restringindo-nos a nossos desejos pessoais e à afeição de uns poucos que estão mais próximos de nós.
>
> Nossa missão deve ser nos livrarmos da prisão, abrindo nosso círculo de compaixão, para cingir todas as criaturas vivas e a totalidade da natureza em toda sua beleza. Ninguém é capaz de conseguir por inteiro, mas o esforço para alcançar essa meta deve nortear essa liberação como uma sólida base de segurança interior.[2]

Capítulo 5

Dúvida...
Será a orientação ou serei eu?

"A dúvida não é inimiga da fé. Ela é o meio com o qual raspamos as cracas do casco do navio da fé."
  rabino Zalman Schachter-Shalomi

Agora que já aprendemos com os gurus suas experiências com a orientação, e quais formas ela pode tomar, vamos entender o que é discernimento.

Qual a diferença entre a voz do espírito e a voz da alma? A jornada espiritual, aquela que muda nossa identidade, partindo do ego para nossa verdadeira natureza, pode ser facilmente desviada. O falso eu é um grande embusteiro – um mestre dos disfarces – cujo objetivo é manter-se firmemente oculto sob o trono de nosso coração. Por isso o discernimento é tão necessário. E se aquela voz, que soa como sendo a voz da orientação, for apenas a do grande embusteiro? Com essa idéia em mente, perguntamos aos sábios: "Qual seria o papel da dúvida? É uma ajuda, um obstáculo ou ambos?"

O rabino Zalman começou a responder com uma advertência. Em sua longa experiência, foi sempre cuidadoso em lembrar que não existe receita ou fórmula certa para saber se é Deus ou o ego quem está dirigindo o show. A prova é o retorno. "Se você puder me responder como fazer para diferenciar um e outro, serei seu discípulo", diz.

Ele nos contou uma história que se passou no leito de morte do fundador do hassidismo, o Mestre do Bom Nome. Seus discípulos, preocupados em continuar a jornada espiritual depois da morte de seu líder, perguntaram a ele quem seria seu substituto. A resposta foi dada pelo rabino Zalman, assumindo o papel daquele mestre. "Descubram se ele tem alguma coisa boa. Façam-lhe uma pergunta. Perguntem o que deveríamos fazer com os pensamentos que interrompem a meditação, que nos arrastam para longe. Se ele responder, não o escolham como professor. É muito fácil dar essa resposta."

Zalman diz ainda que o mesmo acontece na tentativa de compreensão de uma situação. É muito fácil construir um processo que sempre nos levará ao resultado "correto". É fácil nos perdermos, porque todos temos os nossos momentos de falta de sentido, de loucuras idiossincráticas. Ele cita o exemplo de pessoas com transtorno bipolar, que na fase maníaco-depressiva acreditam saber todas as respostas e se tornam impermeáveis aos comentários alheios.

Zalman faz uma careta. "Os políticos também são assim. Não têm dúvidas. Eu sempre devo ter dúvida a respeito da origem dessa orientação. A dúvida não é inimiga da fé. Ela é um meio pelo qual raspamos as cracas do navio da fé."

As duas faces da dúvida: positiva e negativa

O monge budista Ajahn Sona responde à mesma pergunta sobre a dúvida da seguinte forma:

> Sim, Buda diz que você deve ter dúvida daquilo que merece dúvida. Uma coisa da qual devemos duvidar é a autoridade. As decisões não deveriam ser tomadas na base da autoridade, tradição, linhagem, ou pura lógica – o que se sabe são aspectos fáceis de nos induzir ao erro. As autoridades discordam umas das outras, de modo que é preciso duvidar delas. Buda repete isso muitas vezes, quando fala aos que tentam orientar sua mente no sentido daquilo que acreditam. Buda fala que a única maneira de prosseguir é em sua experiência pessoal. O que você prefere: mesquinharia ou generosidade, raiva ou bondade... em você e nos outros?

Nossa guia sufi Taj Inayat falou, ainda, sobre o lado positivo da dúvida:

> Se você está em busca da Fonte, em busca da Verdade, deve estar aberto a rever opiniões e modos, assumindo novas informações. O Dalai Lama disse certa vez que se a ciência pudesse revelar algo mais concreto do que os ensinamentos que ele recebeu do Budismo, então a tradição teria que mudar. É um ponto de vista muito racional, aberto ao que é verdade e ao que é real. E é nesse sentido que deve se questionar. É um questionamento construtivo porque está a serviço da descoberta de uma verdade maior, que nos chama a uma reflexão mais profunda.

Depois de opinar sobre a dúvida como um importante aliado, se nos levar a níveis mais profundos de reflexão, Taj analisou o lado sombrio do sentimento: "A dúvida, quando é um obstáculo, exerce um efeito paralisante sobre nossas ações. Começamos a duvidar de nós mesmos, de um projeto que começamos com entusiasmo. Ficamos com medo de dar um passo e cometer um erro, então a dúvida nos mantém num estado de ansiedade."

Existe uma compreensão generalizada entre os gurus de que a dúvida tem duas faces: a face da investigação e a face da ansiedade. A investigação, o amor pela verdade, nos leva a uma ligação com nossa verdadeira natureza e com a fonte de orientação. A face da ansiedade é o ego, o falso eu, que cria aquele tipo de dúvida insalubre que bloqueia a abertura a qualquer tipo de orientação.

A reverenda Fageol fez essa diferenciação de forma muito clara: "Eu acho que a dúvida pode ser útil se você prestar atenção a ela, se você torná-la uma oportunidade para uma investigação e perguntar do que se trata essa dúvida. Pode ser uma mensagem de que o entendimento ainda não está completo. Existe uma bandeira vermelha que eu preciso analisar mais profundamente? A dúvida se torna um impedimento quando você não pára para identificá-la e corre de modo desenfreado."

"Alguns querem simplesmente sanar a dúvida de sua mente e fazer aquilo que foi guiado", segue a reverenda. "Algumas vezes isso está correto. Mas a verdadeira questão é: o que existe por trás da dúvida? É como se fosse um sinal amarelo. Pode ser um sinal de medo, de perda de controle ou sinal de perigo."

Susan Baggett concorda que a dúvida pode servir tanto de ajuda quanto de obstáculo. "Um ceticismo saudável tem a ver com o discernimento. Nós não podemos ser crédulos. Nós avaliamos o senso comum como um aspecto da alma. Mas, se a dúvida nos fecha às possibilidades, se torna uma barreira. Nós estamos aqui para aprender. Esta perspectiva nos mantém abertos à idéias sobre as quais talvez nunca pensássemos antes."

A xamã e educadora Cecilia Montero, demonstrando imaginação digna de suas raízes incas, concebe uma metáfora instrutiva sobre o assunto. "Toda vez que penso na dúvida, é como se ela fosse um grande armário, num quarto que é mais um armário do que um quarto. As atividades do quarto ficam diminuídas por causa do armário que está cheio de coisas ocupando espaço. Ele é a dúvida."

Ela continua:

> É como se fosse uma gigantesca serra elétrica, indo para cima e para baixo sem parar. Estou falando daquele tipo de dúvida que nos faz sentir como se não pudéssemos mais nos mover – não do tipo de avisos, informando que você pode cometer um engano. A dúvida-obstáculo é como um jogo de pingue-pongue: vai para frente e para trás, é um desperdício de energia. Enquanto você estiver em dúvida, estará dentro do armário, isolado do mundo de possibilidades. O resto do quarto está repleto de possibilidades, mas primeiro você tem que sair do armário.

Para sair do armário é preciso vontade de abandonar aquilo que "acha que sabe", o que é vital para a dúvida saudável, segundo a professora zen irmã Dougherty:

Quando questiono se tal coisa é realmente daquele jeito, esse é um tipo de dúvida não restritiva. Na verdade, ela me abre para um profundo senso do mistério escondido no que eu consigo descobrir racionalmente. Existe outro tipo de dúvida, porém, que tem mais a ver com a dúvida pessoal, no sentido do "pequeno eu". E ela se torna um impedimento. A primeira me abre para a confiança de que existe algo mais profundo do que aquilo que eu conheço agora; a segunda me restringe, fecha-se em mim.

Eu gosto da frase "Cultive uma mente de não-saber", que talvez não tenha a ver com dúvidas, mas antes com o reconhecimento de que eu não sei tudo. Eu não conheço o seu processo. Talvez nem seja dúvida, mas uma profunda reverência. Mas se eu acho que preciso saber, então isso se torna uma dúvida. Restritiva e desconfortável, e devo começar a me esforçar para descobrir.

A mente orientada para o não-saber é algo a que raramente aspiramos nessa sociedade, onde somos ensinados a saber para permanecer no jogo.

Na sua humildade e honestidade características, a irmã Dougherty falou sobre a pressão de saber e estar "certo": "Existe um espécie de constrição e um esforço maníaco para descobrir as coisas, para descobrir respostas e criá-las sem que ninguém as conheça. Mas a outra espécie de dúvida, a de não-saber, nos liberta para viver em algo tão maior, tão grande que nem conseguimos imaginar".

Xeque Hameed Ali falou sobre a dúvida de um modo muito parecido:

> Quando as pessoas falam que duvidam de alguma coisa, elas não estão usando o termo filosoficamente; estão usando-o emocionalmente. A dúvida filosófica não é a mesma coisa que a dúvida emocional, então precisamos fazer a distinção. A dúvida emocional é destrutiva para a orientação. É um obstáculo porque fecha a mente,

fecha a abertura. A dúvida filosófica é um questionamento de atitude: *eu não sei se isso é verdade, mas gostaria de descobrir*. Isso é uma ajuda, porque significa que você está se dirigindo para o não-saber.

Transformando a dúvida antiquada em uma nova dúvida de sabedoria

Gordon: Eu tive uma experiência que me ajudou a transformar uma antiquada e pegajosa incidência de dúvida emocional em uma nova sabedoria. Veja o que aconteceu:

Meu amigo Paul e eu partilhávamos o interesse comum por visões alternativas do futuro e discutimos isso muitas vezes. Numa ocasião, ele me disse que estava escrevendo um trabalho importante sobre o assunto e, alguns dias depois da reunião, me solicitaram que escrevesse sobre o mesmo tema, o qual estava intensamente envolvido tanto em nível teórico quanto prático.

Não parecia ser domínio exclusivo de ninguém. Independentemente de quem escreva sobre o futuro, com certeza ele virá e sempre atrairá interesse de pensadores. Mas por conta do tempo escasso, me senti mal de contar a meu amigo que aceitara o projeto, com a sensação de que Paul se sentiria traído – como se eu estivesse roubando seu assunto.

Naquela noite, enquanto me deixava afundar no desconforto, mergulhei numa dolorosa dúvida. Teria eu prejudicado a amizade daquele homem sempre tão gentil, que me ajudou tanto, e com quem adorava explorar temas de interesse mútuo? Teria eu respondido à generosidade do espírito de Paul com grosseria e provado que eu era um repugnante traidor? Teria eu machucado alguém que eu amava?

Essas eram as perguntas que a dúvida emocional colocava. Vendo-me através dos olhos que eu projetava como sendo de Paul, eu me debatia com a possibilidade de ser realmente culpado.

A dor, tanto de supostamente ter magoado Paul, como de me sentir errado, evoluiu para um ataque do superego. O superego é a voz crítica de nossos pais internalizada em forma de dura auto-acusação. É diferente da consciência, que é uma forma de orientação interior que nos permite saber se nossas ações nos levam para mais perto ou mais longe de nossa natureza divina. Voltando, sob o cerco de um superego raivoso, senti como se todas aquelas acusações tivessem se transformado em um leão faminto que eu soltara.

O ego pode ser complicado, mas o superego é cruel. Eu percebi que tinha que enfrentar Paul diretamente para esclarecer as coisas. Eu desejava ver a verdade completa da situação e deixar as coisas ficarem como deveriam ser. Se Paul pudesse reunir provas convincentes, eu estava disposto a ser condenado por minha culpa. A dúvida emocional deu lugar à curiosidade em descobrir a verdade – o que Hameed Ali chama de "dúvida filosófica". Não importava o resultado, a verdade era importante. Com a resolução de persegui-la, senti um profundo sentimento de paz e pude dormir.

Quando finalmente conversamos sobre isso, Paul admitiu que se sentia com o tapete puxado sob os pés, e que seu próprio ego tinha se colocado no caminho. Concordamos que eu já estava muito envolvido com o assunto, que tinha meios certos e muitos recursos para escrever o artigo e que muitas pessoas poderiam participar do esforço. O assunto foi esclarecido e aquela dúvida emocional insalubre deu espaço para um tipo de questionamento que resulta em clareza e paz. A curiosidade, que é o amor pela verdade independentemente dos resultados, converte a dúvida negativa na guardiã da orientação, é "a mente do não-saber" que abre a porta para uma nova compreensão.

Fé e sinceridade: para além da sombra de uma dúvida

Joan e Gordon: Os gurus versaram sobre um tipo de fé que o xeque Kabir Helminski chamou de "sinceridade". Ele explicou assim: "A fé é entendida em nossa tradição não como uma crença teológica, porém mais semelhante à sinceridade. A sinceridade é o resultado de nossa certeza de viver uma realidade espiritual significativa".

Essa certeza, compartilhada por todos os sábios, refere-se à fé em uma inteligência maior – a realidade original – e em nossa íntima ligação com ela. Nossa própria existência, as experiências pessoais com a orientação espiritual, é o que cria a base dessa fé. Sem crença na revelação da inteligência superior como orientação – o "conhecimento" que nos mantém no caminho –, toda a conversa sobre viver uma vida espiritualmente orientada seria absurda. Apenas a convicção subjacente de que participamos de uma realidade significativa e de que podemos cooperar com ela, seja escolhendo seguir o dharma ou levar a cabo o nosso propósito divino, apenas isso faria sentido nessa discussão.

Decidimos coordenar alguns dos comentários dos gurus sobre a fé como se todos tivessem conversado juntos.

"Do ponto de vista do budismo, existe uma grande necessidade de dúvida", começou o rabino Shapiro. "É uma ajuda substancial. Se estou em dúvida, então seguro o mundo de forma provisória. Mas, a experiência do absoluto é certa e inquestionável. Minha experiência de ser amado por D'us, e o amor que daí transborda, é real demais para ser posta em dúvida."

"A dúvida é um entrave?", continua Daniel Ladinsky. Invocando a fé pura que brilha em suas luminosas traduções de poesia mística, disse: "Eu poderia dar um grande *sim* para isso, pois não me parece que alguém fosse falar com Deus se cultivasse sérias dúvidas!"

O jesuíta Wilkie Au argumenta: "Se enxergarmos a realidade como uma graça, teremos mais capacidade de entrega e de nos movimentar pela vida, acreditando que no fim tudo acabará bem".

"A fé é a certeza das coisas desejadas, a convicção sobre coisas não vistas." (Hebreus 11:1). São Paulo conta aos hebreus sua epifania no caminho a Damasco. A própria existência da orientação espiritual – que é o processo de compreensão de sua própria natureza – é uma evidência das "coisas não vistas". Sem estarmos certos de que existe uma visão orientadora, maior do que enxergamos de nossa limitada perspectiva, seremos sobrepujados pelo cinismo. Tais comportamentos são tão dolorosos que, perfurados pela ironia do paradoxo, dão vazão a furiosas crenças fundamentalistas que não permitem nenhum tipo de dúvida.

A distinção que os gurus nos ajudaram a construir sobre dúvidas negativas e positivas foi eminentemente prática. Por acaso, a experiência da dúvida seria uma necessidade de conhecimento, ou o medo desse conhecimento? O contraste entre a curiosidade e o medo se mostra de modo totalmente diferente. Quando se vive uma dúvida negativa, a percepção sentida é contraída – você se fecha, e se protege. Mas a dúvida positiva – a curiosidade – vem acompanhada por um sentimento de expansão, de amplitude. A palavra "amplitude" surge repetidamente nas entrevistas, então vamos tentar defini-la. *Ela significa, basicamente, estar aberto ao momento, em vez de continuar preso a uma convicção particular.*

A diferença entre estar aberto e fechado está no coração da orientação espiritual, tanto física como mentalmente falando. Estar aberto (a atitude de dar as boas-vindas e confiar no que quer que venha a ser revelado) expande nossa perspectiva e revigora o corpo.

Gordon: Como utilizei a história de uma amizade em perigo para ilustrar a dúvida positiva (a vontade de descobrir a verdade, independentemente das conseqüências), causando um enorme alívio; posso dizer que é um ato de transformação tal qual enfrentar um leão que o persegue nos sonhos. É o desejo de questionar que transforma aquela energia desperdiçada pelo medo e se torna ótimo meio de despertar.

Joan e Gordon: Vivemos uma era de fundamentalismos competitivos – religiosos e laicos –, cada qual com convicções rígidas que não admitem nem dúvidas positivas. O fundamentalismo religioso é uma reação contra aquilo que o rabino Michael Lerner chama de "agressivo fundamentalismo laico da modernidade".

Os três princípios desse fundamentalismo secular seriam:

1. *Materialismo*: o triunfo do capitalismo global.

2. *Reducionismo*: a perda das propriedades emergentes do todo, reduzindo a vida a seus componentes – o equivalente a reduzir a árvore da vida a moléculas de carbono.

3. *Individualismo*: a celebração do egoísmo como o mais elevado dos bens.

O materialismo, o reducionismo e o individualismo constituem uma nova ortodoxia que se disfarça em ciência, mas que na realidade se trata de um cientificismo: um sistema de crenças e não um método de questionamento. Não existe dúvida positiva – a curiosidade autêntica – em qualquer um desses fundamentalismos.

A dúvida positiva a que o doutor Wilkie Au chama "hermenêutica da suspeição" repousa na confiança de que a realidade beneficente nos mantém e nos define. Essa convicção é a base de uma cultura onde a fé baseada na contínua revelação de orientações espirituais, combinadas com um tipo holístico de racionalidade científica, pode transcender o fundamentalismo e criar condições para um futuro mais iluminado.

Num artigo da revista *Time* chamado "Deus versus Ciência" o diretor do projeto genoma, doutor Francis Collins, debate com o biólogo ateu Richard Dawkins: "A fé não é o inverso da razão. A fé repousa em simetria com a razão, mas com o componente adicional da revelação."[1]

Capítulo 6

A ARTE DO DISCERNIMENTO

"Quem está tomando esta decisão?
A mente aberta ou a mente estreita: eu ou Deus?"
rabino Rami Shapiro

Talvez fosse necessária uma medição equivalente à escala richter – dos terremotos – para avaliar a intensidade e clareza das revelações. As revelações variam de direções sutis a tremores, experiências transformadoras que equivalem a lavas espirituais borbulhando nas profundezas e transformando a paisagem.

Conversávamos ao telefone com a professora de meditação Sally Kempton quando ela citou Saulo de Tarso. Lá estava ele na estrada para Damasco, perseguindo alguns cristãos, quando derrubado de seu cavalo por um ofuscante raio de luz, se tornou uma nova pessoa – um discípulo de Jesus, a voz conhecida na teologia cristã como São Paulo. Mas e se a revelação fosse falsa ou decidisse ignorá-la?

Como diz Sally, "no caminho de Damasco, de repente o divino se mostra e diz: 'Não, vá por aquele caminho!' Você pode optar por seguir ou não a orientação. Se seguir, sua vida inteira se abrirá, se não seguir, continuará encalhado. Estamos sempre procurando saber de onde vem a orientação, e então surge a questão de decidir segui-la ou não. Mas aprender a distinguir a verdadeira orientação é um aprendizado lento."

Tentativa e erro: o discernimento como curva de aprendizado

"Como um bebê aprende a andar?" A médica e intuitiva Nina Zimbelman explica como aprendeu a arte do discernimento. "Foi por tentativa e erro."

Em 99% das vezes existe uma grande quantidade de ego e, por conseguinte, muita dor. Ser convidado a se elevar em uma identidade é muito traiçoeiro, mas o presente está naquilo que você aprende. Tudo o que você pode fazer é agir como se estivesse recebendo uma orientação, e se o ego estiver lá, será exposto. Se definir sua intenção de agir sob orientação – seguir o espírito –, vai descobrir se é o ego ou não. Qualquer deslize ao longo do caminho é parte do processo de crescimento. Você deve ouvir a orientação e ter confiança no processo.

A reverenda Cynthia Bourgeault suspirou quando perguntada sobre o discernimento, se a orientação era ou não autêntica. Esse é claramente um grande problema para ela, bem como para todos nós. "Quando você consultava Os Pais e Mães do Deserto dos séculos III a V, eles chamavam a questão de "o discernimento dos espíritos". Eu acho que a razão da jornada concorre com a duração de nossa vida porque é um aprendizado como o de tocar seu próprio instrumento – é através de tentativa e erro que se pode reconhecer a diferença entre ego e o que é verdadeiro."

Quem dirige o show – o falso eu ou a verdadeira natureza?

O discernimento é uma prática espiritual realizada cotidianamente. É concreta, porque a vida sempre retorna seu lugar na jornada.

Casar-se com uma pessoa que você não conhece pode não ser boa escolha, por exemplo. Um caso óbvio em que a orientação foi ignorada. Mas quando a dúvida positiva – questionar-se por que fazer – é trazida para a situação, toda a experiência será mostrada sob novo ângulo. A curiosidade e o amor pela verdade trazem clareza, resultando em perguntas luminosas como: *Quais necessidades são legítimas? Onde a minha forma de pensar está emboscada no senso comum? Por que traí a mim mesmo? O que posso aprender com esta experiência?* Para resumir, pergunte ao discernimento *Quem está dirigindo o show – o falso eu ou a verdadeira natureza?*

Embora a experiência de fazer uma má escolha possa ser parte valiosa da jornada, a decisão não é espiritual sem reflexão e questionamento, as chaves do processo de discernimento. Será uma reação inconsciente e susceptível de se repetir. Ao longo do tempo, a prática do discernimento conduz a escolhas mais conscientes, que levam a menos carma e mais paz. Como nossa identificação primária é com o ego, o falso eu, o processo de invocar o verdadeiro eu está ligado ao tempo e a um sério compromisso.

Embora poucos homens, como são Paulo, tenham sido atingidos por um raio, que destruiu o falso eu revelando a verdadeira natureza interior, essa iluminação instantânea é rara e, muitas vezes, suspeita. Somos todos iluminados ocasionalmente por alguns segundos, por alguns minutos ou até por um ou dois dias. Mas continuar nesse estado de forma permanente é outra coisa. O programa de transformação que é ativado pela vontade de procurar a orientação, de perceber claramente sua veracidade e então agir nessa direção, se assemelha mais a uma evolução gradual do que a uma revelação instantânea. Os antigos quakers chamavam esse processo de revelação gradual de aperfeiçoamento.

Está escrito em um panfleto sobre discernimento espiritual, de Patrícia Loring:

> Falar de aperfeiçoamento deixa as pessoas apreensivas. Se nos aprofundarmos nos escritos antigos, o aperfeiçoamento é tão somente vislumbrar a humildade, não necessariamente a honradez, é ter uma profunda vontade de mudança e de continuar mudando... o movimento do falso para o verdadeiro eu. Quando procuramos nosso caminho em direção a realidade, somos libertados de falsas definições e conceitos sobre nós mesmos, impostos pelo "mundo". Passo a passo, caminhamos para além dessas concepções das metáforas e símbolos de Deus, no caminho de uma desconhecida e íntima fonte de nosso ser... ao mesmo tempo, ficamos mais abertos à pura respiração do espírito em nós.[1]

O aperfeiçoamento não é fazer a escolha "certa" em uma circunstância particular – é mais difuso e radical do que isso. É o desdobramento de um processo de transformação, uma mudança fundamental daquela identidade falsa para a verdadeira natureza, que carrega íntima conexão à fonte.

Embora um processo espiritual, o aperfeiçoamento acontece no contexto da vida normal. Nos eventos diários e em nossa relação com eles, revelando a profundidade e a amplitude do domínio do "falso eu", e como ele bloqueia a expressão da verdadeira natureza. Tentar discernir algo aparentemente secular – por que fazemos certas escolhas mesmo sabendo que não são "boas" – é uma poderosa forma de prática espiritual enquanto fazemos a pergunta essencial para a alma: *Onde o vetor do amor se localiza nessa situação?*

O amor pressupõe um movimento gradual em direção à liberdade permitindo respostas mais criativas e apropriadas à situação. Portanto, o discernimento coloca a questão: *Estou agindo com liberdade interior, sentindo a textura do momento, ou me sinto aprisionado de alguma forma?* Essa é uma pergunta para a alma interna que não pode ser avaliada por elementos externos.

Por exemplo, talvez você esteja dirigindo a empresa familiar e isso lhe traga um sucesso financeiro impressionante. Se durante o processo você ficar mais em paz, com mais amor e mais caridoso, seu discernimento da situação poderá ser que você está no caminho certo da espiritualidade. Mas se a gestão dos negócios resultar em irritação, cinismo, inveja ou ganância, onde estará o espírito nesse momento? Onde estão os frutos interiores, os frutos da alma?

No final das contas, todas nossas histórias externas são simples recipientes para as narrativas da jornada da alma. Cada um de nós tem lugares onde se sente livre e outros lugares onde sabemos que nossas percepções são distorcidas e nossas ações, atormentadas.

Joan: Por exemplo, sou muito avessa a conflitos. Minha resposta para a raiva é dispensá-la o mais rápido possível, o que pode gerar auto-engano e auto-traição. Penetrar nesses velhos padrões é o cerne de meu desenvolvimento espiritual.

Joan e Gordon: Todos tendemos às distorções, que constituem o corpo do falso eu e resultam em perda de liberdade. Os budistas chamam de veneno; os hindus de *kleshas*; os judeus invocam o *yetzer ha-ra* , o ímpeto da maldade; e os cristãos enumeram sete pecados capitais. Temos que considerá-los como fonte principal de desvios magnéticos de nossa bússola da alma a caminho do verdadeiro Norte.

Encontrar e reconhecer essas restrições de liberdade e ultrapassá-las é a tensão básica que a alma utiliza para crescer em direção à verdadeira natureza. A arte do discernimento, em seu nível mais maduro e refinado, exige compreensão do funcionamento dos impedimentos – que veremos mais detalhadamente no capítulo posterior. Por enquanto, vamos estudar ferramentas de ajuda no discernimento entre o "falso eu" e a verdadeira natureza.

A regra de ouro

Ainda que os resultados externos de nossas ações não contenham toda a história, eles podem dar uma boa idéia sobre a qual mestre estamos servindo – no sentido bíblico, Deus ou Mammom (materialismo, ganância e interesse próprio). Jesus falou desse entendimento:

> Cuidado com os falsos profetas, que vêm até você em roupas de cordeiro, mas internamente são lobos vorazes. Você os reconhecerá por seus frutos. As uvas brotam de espinhos? Os figos dos cardos? Da mesma forma, toda boa árvore suporta bons frutos, mas a árvore que não está bem gera maus frutos. A boa árvore não pode suportar maus frutos, nem a má árvore pode gerar bons frutos (Mateus 7:15-18).

A avaliação dos frutos potenciais de nossas boas ações e, em seguida, a reflexão para se certificar de que cumprem a regra de ouro são momentos em que devemos nos manter honradamente em guarda contra a auto-ilusão e as distorções que possam ferir os outros. Esse ensinamento ético afirma que não devemos fazer aos outros aquilo que não queremos que façam conosco. Mas muitas ações da chamada orientação espiritual violam esta regra. O significado interior para *jihad*, por exemplo, consiste em superar o "falso eu". Mas, se a regra de ouro é negada e o *jihad* é acionado de dentro para fora, o resultado é a violência descontrolada contra pessoas inocentes.

Se o discernimento for baseado apenas em sentimentos subjetivos, qualquer ato ilusório pode ser realizado, talvez até mesmo legitimado, sob a rubrica da orientação espiritual. O alpinista e aventureiro Jon Krakauer escreve uma narrativa intensa sobre a rígida fé que deu errado.

Em um de seus livros, ele conta a história de dois irmãos, mórmons fundamentalistas, que acreditavam que um deles recebia a revelação divina para matar sua cunhada e sua filha de um ano e meio. A narrativa mostra como agiram sob uma pretensa "orientação espiritual", convencidos de que faziam a vontade de Deus; ela foi tão devastadora para a igreja quanto para os leitores eventuais.

Os irmãos não prestaram atenção à métrica universal do discernimento – a regra de ouro. Embora a negociação entre nossa liberdade interior e se estamos ou não servindo nossa verdadeira natureza possa ser discernimento sutil, uma clara indicação se estamos ou não servindo à vida vem da descoberta se nosso ato é compassivo ou não. Matar uma mãe e uma criança falha no simples teste de compaixão e bondade.

O bem e o mal

Nós definimos a bússola da alma como uma inteligência localizada no coração, que é capaz de perceber e responder aos bons atos. Em hebraico, existe um conceito chamado *yetzer ha-*

tov – que é o ímpeto da bondade. Às vezes, o *yetzer ha-tov* é imaginado sentado num ombro e o *yetzer ha-ra'* sentado no outro. Crescemos em sabedoria nas tentativas de investigação da tensão entre os impulsos opostos. A função do ímpeto do mal é clarear a bondade, a verdade, e o belo nos motiva a direção de frutos visíveis ao espírito.

O fundador da Companhia de Jesus – dos jesuítas –, santo Inácio de Loyola, é o decano católico do discernimento. No final do século XV, quando nasceu, o discernimento era centrado na diferenciação entre o bem e o mal, no sentido da teologia clássica de saber se o pensamento vinha de Deus ou do demônio. Na teologia de santo Inácio, que refletia o pensamento da época, o diabo era imaginado como uma criatura maliciosa que nos engana e nos desvia, separado de nossos mais primitivos e instintivos desejos e inclinações. Mas, independentemente do local de onde o "mal" se origina – mais provavelmente de nossa própria natureza inata e condicionada –, podemos facilmente distingui-lo a partir das ações que a nossa natureza superior produz, o que santo Inácio descreve como a desolação em contraste com a consolação.

A consolação é uma sensação de calor interno, de amar e ser amado pelo Criador. Um estado de alegria interior, a consolação é caracterizada por uma mente calma e um coração aberto. A pessoa se sente inspirada, confiante, corajosa, suportada por uma força invisível, mas benéfica.

A desolação é um estado de perturbação interna que santo Inácio chama de "as trevas da alma". A tristeza, a preguiça e o distanciamento de Deus são suas características. As enfermidades modernas como esgotamento, depressão, dependência e desesperança são sintomas da desolação.

Santo Inácio concebeu esses estados negativos internos como uma espécie de círculo vicioso. As pessoas que vivem uma vida em pecado, ensina, são "tratadas muito bem" pelo diabo, que enche a imaginação com todos os tipos de desejos sensuais. Essas tentações levam a mais pecados, o que, por sua vez, conduz a mais desolação.

O exemplo moderno poderia ser uma destemperada urgência de comprar pela internet. A sensação boa a que santo Inácio chamava "falsa consolação" não dura muito. Logo você estará sentindo o buraco em sua alma que enviou você e sua carteira ao cyber-espaço e começará uma nova caçada. E quando as faturas chegarem, você se sentirá pior do que antes.

Outra maneira de pensar sobre a desolação (não estamos incluindo aqui os distúrbios bioquímicos que levam à depressão) e a consolação seria ver a desolação como fruto do "falso eu" e a consolação como fruto da "verdadeira natureza". Se você está feliz e aberto ao momento, e não preso a convicções particulares, está no caminho certo. Você se sente livre e suas escolhas tornam-se fluidas.

A regra de ouro e a "percepção sentida" da consolação são duas formas básicas de discernimento de nossos impulsos: servem ao medo ou ao amor. Os nove frutos do espírito descritos por são Paulo no Novo Testamento – similares à virtudes enumeradas por outras tradições – refinam a arte do discernimento: "Em contrapartida, os frutos do espírito são o amor, a alegria, paz, paciência, bondade, generosidade, fidelidade, gentileza e autocontrole. Se nós vivemos pelo espírito, que sejamos guiados por Ele." (Gálatas 5:22-23,25).

Os frutos do espírito

Se tomarmos em conjunto os frutos do espírito cristão, veremos que são uma síntese da orientação para a verdadeira natureza. O resultado da manifestação destes frutos é o deleite da consolação. Patricia Loring explica como eles são usados no processo de discernimento:

Quando se trabalha com algo tão falível quanto a intuição, é preciso algum marco para a realidade e a verdade. Alguns cristãos usam leis derivadas das escrituras. Eu trabalho com a idéia de "frutos do espírito" mencionados por são Paulo na carta aos gálatas, na qual ele ralha com os fiéis por não colocarem limites em seu comportamento. Ele enumera uma série de comportamentos destrutivos e intencionais que seriam representações das falhas no entendimento da orientação.

Essa lista inclui adultério, luxúria, idolatria, feitiçaria, ódio, mentira, raiva, inveja, assassinato, bebedeiras e congêneres. Patricia prossegue seu raciocínio:

> Os frutos do espírito não formam um conjunto de regras. São uma maneira de verificar de onde vem o impulso para realizar uma ação: do espírito, do ego, ou de instintos primitivos. Se alguém se pergunta: Onde está o amor, onde está a perseverança? Onde está a generosidade?, isso providencia uma linha divisória mais próxima e firme pela qual podemos honrar nossos movimentos internos, com a certeza da origem no lugar certo, em oposição àqueles que provêm de um espírito de vingança, ganância ou inveja, todas as outras fontes de nossas ações.
>
> A distinção entre o bem e o mal é o uso mais elementar do discernimento. Ela ajuda a diferenciar a orientação espiritual dos impulsos que brotam dos instintos primitivos, que podem ter tido algum valor nos estágios iniciais da vida humana, mas que já não são apropriados na situação presente da nossa espécie.

Os nove frutos do espírito – sem necessariamente estar identificados como tal – surgiram repetidas vezes em nossas conversas. Eles são tema de ricos ensinamentos práticos em todas as religiões, um guia sobre como uma sociedade iluminada pode viver. Na seqüência, uma descrição desses frutos.

Amor

Na sua forma mais pura, o amor é um aspecto radiante da verdadeira natureza, projetado incondicionalmente para todas as pessoas e coisas, não podendo ser sentido pelo "falso eu" para a satisfação pessoal. Essa distinção está no livro de meditações do jesuíta Antony de Mello. No capítulo "Amem-se uns aos outros" ele descreve quatro qualidades do amor genuíno:

O amor genuíno é indiscriminado, a luz brilha em você, esteja mal humorado ou gentil. A rosa espalha sua fragrância a todos. O sol brilha do mesmo jeito para os santos e os pecadores.

O amor é de graça. Ele se dá sem pedir nada em troca. O sol não está à procura de elogios e a chuva não busca por aplausos.

O amor tem um altruísmo incondicional. A árvore dá sombra mesmo se não houver ninguém para recebê-la. A luz brilha mesmo que não haja necessidade de sua luz.

"Essas coisas, como o amor", escreve de Mello, "existem independentemente das pessoas. O amor simplesmente é, ele não tem objetivo. As coisas simplesmente são, independentemente da questão de saber se alguém vai se beneficiar delas ou não. Portanto, não têm consciência de qualquer mérito ou se fazem bem."[2]

"*A qualidade final do amor é sua liberdade.* No momento em que a coerção ou o controle surge, o amor morre. Pense como a rosa, a árvore ou a lâmpada deixam você livre. A árvore não fará nenhum esforço para arrastá-lo até sua sombra, mesmo se você estiver em perigo de tomar sol demais. A lâmpada não forçará a sua luz sobre você, mesmo que você tropece no escuro. Pense por um momento em todo o controle que você submete os outros vivendo ansiosamente suas expectativas, a fim de comprar o seu amor e sua aprovação ou por medo de perdê-las."

De Mello sugere que contemplemos o controle e a coerção que sentimos em nossa vida e que não os abandonemos. Se não conseguirmos deixá-los, eles se manterão. Então, você não será capaz de amar, porque faremos ao outro aquilo que permitimos que nos fizesse. Mas quando conseguir, então você estará livre. E liberdade é outra palavra para amor.

Alegria

A reverenda Cynthia Bourgeault cita o místico cristão Jakob Böhme, do século XVII que dizia "eu sou um instrumento de corda no grande concerto da alegria de Deus".

O rabino Shapiro reforçou a idéia ao descrever como fazia suas caminhadas se comunicando com a pura essência da alegria:

> Se caminho por bastante tempo, há um ritmo que se torna mais uma dança do que uma caminhada. Alguma coisa acontece com a respiração e com o coração que abre minha mente. Existe uma qualidade prática, como se estivesse dançando com um parceiro divino. Começo a sentir a presença de Deus neste mundo. Os pássaros, as árvores, os carros – tudo parece ressoar com a divina energia e me torno parte dela.
>
> Passa a existir apenas o ritmo, a caminhada, e nesse ponto começo a falar com Deus agradecendo por aquilo que tenho, pedindo o que preciso. Principalmente, peço a capacidade de canalizar o amor divino. A prática é entrar naquele ritmo. É como um efeito dominó: tudo vem através dela. O corpo se abre, o coração se abre, a mente se abre e então eu sinto a conexão com tudo. Posso girar e sentir a presença dentro de mim, como se fosse eu. Depois, volto e começo a caminhar. E não há mais palavras para descrever.

As palavras realmente falham ainda que os místicos de todas as tradições tentem descrever a inebriante alegria. O êxtase que surge de dentro – e que não depende de nenhum fator externo – descreve a alegria que ouvimos dos sábios. Tal como o amor que surge como uma emanação da natureza real, a alegria é também um estado de liberdade interior. É outro aspecto da verdadeira natureza que surge da ligação com a *força de ser*.

Paz

A paz é mais um aspecto da verdadeira natureza que independe de circunstâncias externas. O monge budista Ajahn Sona explicou a capacidade de ficar em paz, aqui e agora, à margem do que possa acontecer, como um sinal de realização espiritual. Todos aspiram a essa "paz de espírito inabalável no momento presente, nesta vida, aqui e agora", sintetizando a essência da "entrega" com humildade confiante.

A idéia de que a paz é condicional dependente de certas necessidades como ser amado, estar financeiramente seguro, descansado, ter um bom trabalho; passa a ser substituída pela consciência do momento único e inalterável que vivemos. Quando você se entrega ao agora, as nuvens do querer e do medo se dissolvem, revelando a luz radiante do sol de seu verdadeiro eu em união com a Fonte. Essa entrega ao agora facilita a transformação do *chronos* em eternidade ou no tempo da Alma (*kairos*). Como padre Keating nos explicou, "a eternidade não é um longo tempo. Na verdade, não é tempo".

Suzanne Fageol comenta: "A consolação é um sentimento de profunda paz, serenidade e tranqüilidade – uma alegria que surge quando você se move para mais perto da força. Você pode sentir essa paz mesmo no caos." A paz é uma clássica confirmação do discernimento.

Joan: Por exemplo, quando me sentia esgotada, abandonava minha coluna mensal na revista e devolvia o adiantamento substancial que recebera por um livro. Eu tinha razões para me sentir ansiosa quanto às questões financeiras, mas o sentimento esmagador era de paz e alívio. Essa era uma confirmação de que eu estava na direção correta.

Joan e Gordon: De forma semelhante, o geneticista Francis Collins descreve em seu livro como percebia sua posição de líder do Projeto

Genoma alinhada à vontade de Deus: "... passei uma longa tarde rezando em uma capela, buscando orientação se devia ou não aceitar a oferta de coordenar aquele projeto. Não ouvi a voz de Deus – na verdade, nunca tive essa experiência. Mas durante aquelas horas de oração, um sentimento de paz me invadiu. Alguns dias depois, aceitei a oferta."[3]

Paciência

A paciência é a capacidade de esperar a poeira da confusão baixar, com verdadeiro interesse em saber o que foi revelado. Patricia Loring explicou:

> Um dos frutos do espírito que mais confio é a paciência, porque ela o permite saber o que vem do ego, daquilo que se costumava chamar Id (paixões e motivações instintivas, muitas vezes recalcadas conscientemente ou não, porque inaceitáveis), ou daquela movimentação do espírito, no coração. Tanto o ego controlador quanto o Id demandante são impacientes na espera. Querem realização imediata, exigem satisfação.
>
> Quando alguma coisa parece realmente importante, o que se deve fazer é esperar e ver o que acontece com essa sensação de importância. Avaliar sua duração, quanto de Vida existe nessa coisa. "Existe Vida aí? Onde está essa Vida?" (usamos vida com "v" maiúsculo como um símbolo divino, diferenciando-a da vida individual).

A paciência permite observar se um direcionamento é apenas um relâmpago ou algo mais duradouro, aquilo que se pode chamar de "maturação". A urgência e a pressa são praticamente um sinal certo de que algo mais conduz a ação. As grandes idéias de ontem geralmente se transformam na pergunta "No que eu estava pensando mesmo?" do dia seguinte. Mas, quando uma orientação persiste, é um convite para manter os canais abertos.

Pode ser um processo lento, nos padrões de urgência ocidentais.

Aquilo que é encarado como paciência muitas vezes não é paciência – é a impaciência levada ao limite. Nós queremos aquele negócio, aquela casa ou aquele carro. Como não podemos tê-los imediatamente, então precisamos esperar, mas não gostamos nem um pouco de fazer isso. Ficamos tensos e impacientes, e temos a tendência de antecipar as coisas – o que pode não ser o melhor no interesse de nossa alma. Esse apego impaciente àquilo que desejamos – mesmo que afirmemos estar pacientemente esperando – faz com que seja impossível a poeira assentar e não conseguimos ver o surgimento da "real orientação".

Bondade

Quando sua Santidade, o Dalai Lama, foi convidado a definir o Budismo, respondeu: "Minha Religião é a Bondade".

"No Budismo, minha compreensão é o discernimento pela manhã, de tarde e de noite". O erudito budista Ed Bastian comenta: "Sempre tem alguém no processo de compreensão do que é ter compaixão e do que é ser egoísta... A compaixão é o desejo sincero de eliminar o sofrimento e conseguir a iluminação para remover esse sofrimento e ajudar os outros".

A bondade e a compaixão também estão na raiz da tradição judaico-cristã. Quando o rabino Hillel, no século I, foi instado a resumir a Torá apoiando-se apenas em uma perna, diz-se que teria dito: "Ame seu próximo como a si mesmo. O resto são comentários. Agora vá e estude."

O cético que lhe fez essa pergunta, reza a lenda, ficou tão impressionado com a resposta que se tornou um estudante da Torá. Jesus deu uma resposta similar quando perguntado sobre qual era o mais importante dos mandamentos: "Você deve amar o Senhor teu Deus com todo o seu coração, com toda a sua alma e com todo o seu entendimento. Esse é o maior e o primeiro mandamento. E o segundo é: Ame a seu próximo como a ti mesmo." (Mateus 22:37-39).

Shapiro descreveu em seu livro os 13 atributos da bondade, enumerando um comentário sobre o Livro do Êxodo:

Moisés pediu para ver a glória de Deus e como ela se manifestava no mundo (Êxodo 33:18). Deus concordou, dizendo: "Farei toda a minha Bondade passar diante de ti. (Êxodo 33:19). Deus passou diante de Moisés e falou sobre cada aspecto da bondade: (1) "Perceber a divindade do eu, (2) Compreender a divindade do outro, (3) Cultivar a criatividade, (4) Gerar a compaixão, (5) Descobrir a graça, (6) Agir com imparcialidade, (7) Criar a bondade, (8) Trazer a verdade diante de si, (9) Preservar a bondade, (10) Perdoar a iniqüidade, (11) Perdoar a teimosia, (12) Perdoar os erros, (13) Limpar-se da ilusão. Todos eles juntos são chamados os 13 Atributos da bondade.[4]

Quando a bondade é cultivada e usada como meio para o discernimento, seu coração transborda naturalmente, criando condições para a generosidade, que é o sexto fruto do espírito.

Generosidade

Na conversa com o iogue Mukunda Stiles, falamos sobre como experienciar a vida como uma taça transbordante, de forma a fazer a generosidade borbulhar como atributo da verdadeira natureza. Da mesma forma que a natureza da luz é brilhar, a natureza de uma taça cheia é transbordar, ainda que ninguém vá receber essa abundância.

Gordon: Quando eu tinha 18 anos e li Nietzsche, lembro-me de um capítulo sobre a virtude de dar e receber. Se você estiver vazio, vai abordar todas as coisas como um mendigo, como um necessitado; só quando estiver repleto é que o ato de dar será superabundante.

Joan e Gordon: A generosidade, bem como o amor, é muitas vezes mal interpretada. Doar dinheiro, tempo ou coisas, por necessidade de ser amado, é uma atividade do falso eu. A verdadeira natureza irradia generosidade a partir de sua plenitude, sem esperar retorno ou mesmo a consciência de ser generoso.

A generosidade tem muitas facetas, assim como o amor. O budista tibetano Chögyam Trungpa Rinpoche considera a generosidade a mais importante virtude de um Bodhisattva – ser repleto de compaixão que permanece na Terra para ajudar o outro a atingir sua iluminação. Ele explica que uma faceta da generosidade é a da clara comunicação de que ela não serve em seu benefício, mas para a liberação do outro. Como os bons amigos, que não passam a mão na sua cabeça quando está errado, estão sendo generosos contigo.

Outra faceta da generosidade é a intenção de ver as pessoas pelos olhos do coração. Quando se está com outra pessoa na aberta plenitude do momento, sem nenhuma pré-convicção, cria-se um espaço para que a verdadeira identidade do outro se mostre. E quando ambos se movem na direção dessa verdadeira identidade, a divina Presença se manifesta como um misterioso terceiro. Esse é o transbordamento máximo da generosidade.

Fidelidade

O iogue Mukunda Stiles fala da fidelidade desta forma: "O êxito na ioga é conseguido por duas coisas: em primeiro lugar, pela prática consistente durante um longo período de tempo; em segundo lugar, pelo desapego em relação aos resultados dessa prática".

Nossa amiga e colega reverenda Ruth Ragovin recordou-se de quando fez os votos. Ela também comenta que o chamado tinha sido de fidelidade, não necessariamente para ser bem sucedida ou eficaz. Essa postura de desapego coloca de lado o "falso eu", de modo que o discernimento surja de um estado mais profundo, e a fidelidade à prática espiritual possa amadurecer.

Empenhar-se na orientação espiritual é uma prática para toda a vida. A quaker Mary Hey descreve o processo de auto-reflexão para verificar nosso alinhamento com o objetivo como uma maneira de nos mantermos fiéis a uma vida orientada espiritualmente. Essa revisão auto-reflexiva não se foca em nossos motivos, "pois qualquer exploração como essa deve falhar porque vai ceder à racionalização e autojustificativa". Pelo contrário, o objetivo de uma revisão é checar o alinhamento de nossas ações com as verdades que nos empenhamos em manter. O que estamos fazendo aqui? Será que os frutos de nossas ações correspondem à nossa intenção? Essa única pergunta, perseguida com fidelidade, pode transformar nossa vida.

Gentileza

Ser gentil não nos traz muitas respostas positivas no mundo moderno. Mas ser gentil não significa ser uma pessoa fácil de ser derrotada. Significa abandonar os julgamentos e a necessidade de resolver as dificuldades agindo sobre elas sem nenhum efeito. Nós temos a necessidade de sentir o que sentimos, mas também de exercer um suave controle sobre como expressamos nossas emoções antes de usá-las, para obter um melhor entendimento com os outros.

Se você toma decisões sob o impulso de fúria, ou desconta a raiva nos outros, os frutos raramente são bons. As palavras ditas com raiva se alojam no sistema límbico do cérebro, criando um estresse pós-traumático tanto para a pessoa enfurecida quanto para o destinatário da raiva.

A gentileza é uma forma de tocar com sensibilidade a "realidade viva" de forma a sentir que essa realidade o toca de volta. É estar literalmente em contato. Sem isso, não se pode ter um contato vívido com a presença orientadora em toda a sua plenitude. Uma forma de cultivar a gentileza é cultivar a amplitude – a atitude de curiosidade mais interessada em amar a verdade do que em controlar o comportamento de outra pessoa. Buda ensina que todos têm sofrimentos. Se você compara os seus com uma xícara de sal que depois será colocada em uma tigela com água, não poderá beber aquele líquido. Mas, se esvaziar a xícara de sal em uma lagoa, a água ainda será doce. A diferença entre a água da tigela e a lagoa está na atitude. Preso à necessidade de estar certo, você se coloca na tigela. Mas, disposto a abandonar as idéias de certo ou errado, procurando entender o ponto de vista do outro, sob uma perspectiva maior, você estará na lagoa. Há uma clareza e amplitude geradas pela gentileza – uma profunda compreensão que nos leva para o nono e último fruto do espírito: o autocontrole.

Autocontrole

Gordon: Aos 20 anos, eu era professor substituto. Um dia, fui chamado para uma escola secundária e, como sempre acontece quando o substituto aparece, as crianças estavam "subindo pelas paredes". Chamei-lhes a atenção porque estavam realmente inquietos, e depois balancei as chaves do meu carro.

"Quem quer dirigir uma Ferrari vermelha?", perguntei. Um jovem se levantou e veio buscar as chaves. "Tem só um detalhe", acrescentei, segurando as chaves sobre as mãos do jovem. "Ela não tem freios." Ele ficou desapontado e perguntei o motivo.

"Bem, a Ferrari é inútil sem freios", ele respondeu.

"Por quê?" Logo, toda a classe estava envolvida em uma discussão sobre o autocontrole – saber como usar os freios – como a outra face da liberdade. Aquilo foi um avanço que provavelmente marcou alguns deles até hoje.

Da mesma forma que a paciência, o autocontrole é, também, muita vezes mal interpretado. Mas saber quando frear, quando fazer a mudança, e quando acelerar é resultado do hábil compromisso com a orientação. A capacidade de ficar parado e esperar pelo momento certo para agir detona uma expansão das possibilidades – não uma contração.

Joan e Gordon: Aprender a usar os 9 frutos do espírito como um conjunto de ferramentas para o discernimento não quer dizer que você estará certo em qualquer circunstância. Na essência, esses frutos são convites para a auto-reflexão e experimentação, são práticas espirituais. Se você estiver estressado ou mal humorado, por exemplo, que tal escolher a gentileza para exprimir esse sentimento, para não descontar nos outros? Se estiver impaciente e for impulsivo, que tal dar a si mesmo um respiro na pressão da tomada de decisões? Mesmo quando se opera apenas um dos frutos, pode trazer alguma utilidade para o desenvolvimento da liberdade interior. Aproximando-se de seu verdadeiro eu. Essa é a função do dom de discernir. E, também, a razão de ele ser uma prática espiritual essencial.

Mudar seu foco para o objetivo supremo

Com a clareza e concisão que caracterizam os seus ensinamentos, o swami Adiswarananda partilhou os 5 passos que considera úteis para a prática do discernimento. Os passos são deliciosamente circulares, já que terminam exatamente no ponto onde começaram – no próprio centro da jornada espiritual:

1. Mude seu foco dos ganhos e perdas imediatos para o "objetivo supremo", o swami enfatiza, "que é a União com o divino. Temos que sujeitar todos os nossos outros objetivos a esse".

2. "Então pense em suas responsabilidades para com as outras pessoas. Você deve pensar nos amigos e familiares que dependem de você para a subsistência."

3. "Reconheça que, em toda e qualquer decisão, existe uma proporção de 4 partes da vontade humana para uma parte da intervenção divina. A arte de se esforçar e de estar bem física e mentalmente, disposto a fazer um bom trabalho, não é suficiente. Há também a providência. Por isso, na tomada de decisão deve ter em conta as 5 partes. Assim sendo, se você for um agricultor, terá direito ao solo, às sementes e assim sucessivamente, mas a quinta parte – seja chuva, seca, inundação – é incalculável. Você deve permitir que a divina intervenção influencie suas decisões."

4. "Medite e consulte sua consciência – não por um tempo, mas repetidamente. Diga à mente todos os prós e contras e deixe-a refletir por um tempo. Este é o segredo: espere ver se a idéia persiste ou evapora."

5. "Lembre-se do objetivo supremo, o autoconhecimento e a união com o divino. Se estiver em dúvida, procure o guru mais próximo. Como o guru mais próximo está dentro de você, talvez uma conversa com um mentor espiritual possa ajudá-lo a encontrar a sabedoria interior."

Prestar atenção na consolação e na desolação, usar a Regra de Ouro como diretriz ética mais fundamental, e comprometer-se com os 9 frutos do espírito – talvez escolhendo um ou dois que se relacionem diretamente às distorções de seu "falso eu" – tudo isso pode ajudar na localização de seu sábio interior. Como os quakers originais diziam, o discernimento é um processo de aperfeiçoar que se desdobra gradualmente. A fidelidade ao processo conduz a uma maior percepção do "falso eu" e suas distorções – removendo os desvios magnéticos que deslocam o coração para longe do "Norte real", do "verdadeiro eu", o objetivo supremo.

Capítulo 7

A PRÁTICA DO DISCERNIMENTO

"No domínio da prática do desenvolvimento espiritual e da aprendizagem", prega Oriah, A Sonhadora das Montanhas, "quase todo mundo passa pela fase de pensar que tem uma linha direta de ligação com Deus. Uma mulher que conheço participou de um *workshop* e voltou com a mensagem para todo mundo – estava repleta de tolices. Mas foi apenas uma fase pela qual passava. Quando tocamos pela primeira vez a emoção de conectar com o profundo, o ego se entusiasma. Há muitas coisas boas por lá, e é muito mais divertido do que a vida cotidiana."

Essa "linha direta com Deus" é o desvio que ameaça tornar a orientação suspeita e potencialmente perigosa. Os políticos e religiosos transmitem para os outros aquilo que acreditam ser uma orientação espiritual, mesmo quando ela se mostra profundamente errada ou prejudicial. Os fiéis, muitas vezes, apoiam esses autodenominados profetas. Quando líderes clericais, políticos, terapeutas, e até mesmo aqueles que proclamam ter dons psíquicos praticam a devida investigação sobre a veracidade de sua relação com a vida, isso se torna uma responsabilidade pessoal. As "mensagens de Deus" de segunda mão não aliviam a responsabilidade das escolhas que você faz.

Independentemente da origem da assim chamada "orientação espiritual", existem 6 tipos diferentes de sabedoria que podem ajudá-lo em sua prática: o senso comum, a sabedoria da mente, a sabedoria do coração, a sabedoria do corpo, a sabedoria reflexiva e a sabedoria de transcender os opostos. Neste capítulo, vamos considerar essas formas de saber como uma ajuda para avaliar as orientações que venham de quaisquer canais.

A primeira sabedoria: O senso comum

Joan: Certa vez fui contatada por uma mulher que tinha uma mensagem urgente para mim: "Você está com três implantes alienígenas em seu cérebro e fui guiada até você para removê-los". O procedimento, não tardou a acrescentar, era muito simples: beber três frascos de uma água especialmente tratada (trazida por ela) pela módica quantia de duzentos dólares. Embora essa cura fosse infinitamente preferível à cirurgia cerebral, pensar sobre o caso e aceitá-lo era algo sem sentido. A mulher era totalmente crédula, certamente insana, ou uma trapaceira, mas para qualquer efeito, minha resposta foi um testemunho do senso comum. "Obrigada, mas não quero!"

O caso bizarro de implantes alienígenas estava em voga naquela época, e embora fosse muito fácil de desmascarar, por vezes, a orientação que nos trazem exige um discernimento mais cuidadoso. Oriah, a Sonhadora das Montanhas, adverte:

> Certas vezes, recebemos orientações que não são para nós. Não são apenas para nós, porque somos todos interdependentes. Algumas vezes, recebemos um sonho para outra pessoa, e é arriscado dividi-lo porque a possibilidade de nos darmos auto-importância é enorme. O papel da comunidade nos lembra que não há eles e nós – apenas nós e nós. Todos temos nossa própria realidade subjetiva, e precisamos respeitá-la. Se recebermos orientação para outra pessoa, estou ciente de que isso pode realmente ser para mim. Deve ser repetido de maneira incansável, de modo que possa ser levado a sério.

Joan e Gordon: Oriah usa seu senso comum de forma muito clara quando se trata de orientação. Por um longo período de tempo, fez observações particulares a respeito dessa orientação ser para ela ou para outra pessoa. Dessas observações elaborou as regras de compartilhamento de informações que vêm a ela. Uma das formas pela qual recebe orientação é através das "advertências" que surgem nos sonhos. Ela as descreve assim:

A qualidade é uma inferência – um flash de imagem de alguém que eu conheça – e o sonho volta. Isso acontece algumas vezes na meditação. Essa advertência é uma marca de que a imagem pode ser não apenas para mim.
Numa dessas situações apareceu uma mulher que avaliava outros empregos. Nesse caso, foi fácil decidir se deveria ou não compartilhar com ela. Eu poderia apenas dizer "tive uma visão de você fazendo isso". Não precisei invocar a autoridade: "As avós (um grupo de anciãs que aparecem para ela nos sonhos) me contaram".

Joan: Eu vivi em primeira mão o senso comum a que Oriah se refere: dividir ou não a orientação recebida. Depois de muitas advertências persistirem em seus sonhos durante várias noites, Oriah consultou as avós: *Ela devia me contar sobre as visões ou não?* Embora as visões tivessem o potencial de mudar minha opinião sobre uma pessoa próxima, também poderiam causar sérios danos. As "avós" – pediram a ela que considerasse como se sentiria se as visões recebidas não me fossem transmitidas. Esse é um típico apelo da sabedoria do senso comum.
"Sou muito cuidadosa em compartilhar essas coisas", Oriah explicou. "Se as divide, então a pessoa que recebeu a informação precisa refletir. O que ela significa neste exato momento?" A pessoa que recebe a profecia – em outras palavras – tem que ter o mesmo cuidado com o discernimento, como um profeta. Em meu caso, as informações se revelaram importantes e foram úteis para uma tomada de decisão que eu já estava por realizar.
"A noção de tempo também é importante", Oriah acrescentou. "Se for útil dividir a informação, como e quando devo fazê-lo? As pessoas vêm até mim com uma mensagem das avós e respondo: "Não, obrigada".
Susan Baggett lembra seus alunos de que o senso comum é um atributo da alma ignorado por nossa conta e risco. Pode não ser a única forma de conhecimento, mas continua a ser um importante ponto de partida para o processo de discernimento que conduzirá à segunda forma de sabedoria – a lógica linear ou a sabedoria da mente.

A segunda sabedoria: a mente

Joan e Gordon: Uma vez avaliada a situação pelo senso comum, uma segunda abordagem deve ser feita. Santo Inácio de Loyola sugere que sejam feitas listas de prós e contras. *Será que devo aceitar este empregou ou não?* Essa lista pode ajudar a avaliar se você gosta do trabalho, que tal é o salário, como o trabalho pode mexer com o tempo que dedica à sua família, quais perspectivas a carreira apresenta, e como ele se encaixa em sua visão global da vida.

Fazer listas, para santo Inácio, deveria ser um ato sagrado, como pedir orientação e criar um diálogo aberto com sua mente. Depois que você estudou e avaliou suas listas, a próxima etapa é tomar uma decisão provisória e oferecê-la a Deus, pedindo ao espírito que a confirme.

Então você retoma seus afazeres diários e à noite, durante um período de introspecção, a decisão é revisada utilizando os frutos do espírito para descobrir se ela o afeta positivamente ou não. Você ainda se sente bem sobre isso? Existe um sentimento de paz ao redor? Ela evoca o amor? Se notar irritação, medo ou aflição, talvez indique necessidade de repensar a decisão.

Outra instrução de santo Inácio se refere ao tempo necessário para o discernimento, que obviamente deve variar. Como você pode imaginar, ele sugere que se leve mais tempo quanto maiores os riscos envolvidos. Grandes decisões como casamento, sacerdócio, ter filhos, e outras podem levar semanas, meses ou até anos de séria contemplação.

Abandonar a pressa e a urgência, e dar o tempo necessário para as idéias amadurecerem, é questão de bom senso. Muitos poderiam se beneficiar com mais tempo para discernimento e coragem para não responder às pressões externas.

A terceira sabedoria: o coração

Depois de aprovada pelo senso comum e pela lógica, a sabedoria do coração entra em ação para confirmar ou não sua decisão.

Os frutos do espírito são testes para o coração: minha resposta para essa situação é amorosa? É paciente? É generosa?

Como no exemplo, talvez você tenha estudado sua lista de prós e contras e decidido aceitar o emprego, apesar de levar muito tempo para ir e voltar para casa, tempo precioso com a família. Mas, quando chega a noite e você reflete sobre a questão, você faz uma escolha do amor, as lembranças de criança voltam à mente e você se vê revivendo a infância, quando quase nunca conversava com seu pai ou jantava em sua presença. Você começa a se perguntar se realmente deseja repetir esse padrão de ausência com seus próprios filhos. É uma situação familiar e então você se sente confortável com ela – na verdade arrastada para ela. Mas relutante, você percebe que trocar um bom salário por menos tempo com a família parece uma má escolha.

"Nós podemos observar os resultados concretos daquilo que estamos fazendo", Susan Baggett nos consola:

> Eu faria isso de graça? Seria uma ação inspiradora para outras pessoas? Isso é inspirador para mim? Inspiração é uma palavra que usamos com freqüência e achamos que ela é da alma.
>
> Podemos também refletir sobre temas anexos: eu estava ligado aos resultados? Qual era a minha intenção? Era para me sentir bem ou para pensar em mim mesmo como uma boa pessoa? Essa atitude foi nobre ou tinha alguma motivação apenas pessoal? Claro que, evidentemente, nós temos motivações combinadas, mas todos aspiramos à abnegação.
>
> Vamos encarar Madre Teresa como um exemplo de ação proveniente diretamente da alma.

Tomas White é quem tem a voz: "Podemos observar a qualidade das escolhas que fazemos. Se fizermos uma dura escolha, é mais provável que seja da alma. Mas, existe outro aspecto a ser considerado, nem todos possuem uma conexão verdadeira com o coração. Por isso, mesmo que tomemos decisões baseadas no ego, mesmo que essa escolha pareça mais altruísta, tudo pode ser uma resposta à orientação. Tornar-se menos egoísta do que antes é um passo importante para o crescimento espiritual."

Gordon: Alguns psicólogos acreditam que a mudança comportamental precede a mudança de atitude, portanto, se tomar decisões diferentes do ponto de vista externo, elas o afetarão profundamente em nível interno. Como dizia Henri Nouwen, "nós não pensamos os nossos caminhos como uma nova forma de viver; nós vivemos nosso caminho em uma nova maneira de pensar".

Joan e Gordon: Essas novas formas de agir e de pensar gradualmente refinam o ego, abrindo espaço para a sabedoria do coração. A ponderação é de Daniel Ladinsky:

> Penso que estamos presos ao ego até o fim, embora acredite que a cortina entre nós e Deus vá ficando mais fina e transparente. Assim sendo, aquilo que percebemos como orientação terá grande potencial de beneficiar os outros. Para mim, é uma forma confiável de calibrar a conexão com o espírito dos outros: como a vida de alguém pode afetar e melhorar sua família, vizinhos e comunidade e – para outros mais evoluídos – como afeta o seu país e até o mundo.

Aquilo que fazemos para um afeta a todos, porque estamos interligados. Se somos altruístas, nossas atitudes mudam o mundo externo e o mundo interno, liberando hormônios de saúde e bem-estar. Você tem boas chances de se sentir aquecido e em paz depois de se lembrar de alguma atitude altruísta. Isso é a consolação – uma recompensa suficiente para qualquer boa ação. O Dalai Lama chama esses atos de bondade de "egoísmo sábio", porque são os melhores presentes que podemos nos dar.

Talvez a mais profunda sabedoria do coração seja o auto-compadecimento de quando ajudamos os outros. A rabina Firestone descreve-o melhor:

A única regra em minha mente é que, ao discernir a voz dizendo ser tempo de descansar ou que a maré está para virar, essa voz deve gerar amor próprio. Pode ser uma voz dura que lhe ordene reunir energias e seguir adiante, mas é sempre uma voz amorosa, em oposição à voz do ego, que diz a mesma coisa, mas deixa uma sensação de auto-diminuição. Não será a voz amorosa de um mentor sábio, será mais uma verdadeira e inspiradora maneira de atualizar seu amor e encorajamento – você pode fazer isso.

Joan: "Eu uso esse discernimento ao trabalhar com as outras pessoas. Ouço o tom de voz. Se fala resmungando ou se fala *"Sim, você pode fazer isso"*, que é uma mensagem muito mais estimulante e é a voz do verdadeiro eu. Esse incentivo encoraja. Existe geração de energia de amor."

Quarta sabedoria: o corpo

Gordon: Lembro-me de ouvir a socióloga e pacifista Elise Boulding comparar o discernimento com a ingestão de um determinado alimento. Se você ingere sua decisão, como seu corpo se sente? Como pimenta vermelha ou como chocolate quente? Quais escolhas lhe dão energia e o alimentam, e quais lhe esgotam? Você realmente planeja almoçar com aquele amigo que o faz sentir-se rotineiramente drenado e vazio toda vez que ficam juntos?

O iogue Mukunda Stiles é perito nas conexões entre mente e corpo. Ele nos fala da sabedoria do corpo como uma técnica de avaliação do discernimento: "Nós podemos sentir se o estresse está diminuindo". Com a autoridade de quem ensina a ioga há décadas, Mukunda sabe avaliar o estado de tensão relativa de seus alunos com apenas um olhar.

As tensões no pescoço deveriam ser menores. As restrições e desníveis da respiração se abrem e tornam-se mais suaves. Uma respiração prolongada e sutil passa a acontecer. Na mente, a experiência seria aquilo que chamo de "uma pausa na mente". O espaço entre os pensamentos aumenta e a mente se acalma.

Você está feliz? Não se trata de "felicidade material", seus relacionamentos ou qualquer coisa externa. A medida é se a felicidade se apresenta dentro de você por sua própria iniciativa. Existe um ensinamento no Shiva Sutras (o texto central no shaivismo da Caxemira, a forma de Advaita Vedanta que Mukunda pratica) que diz: "Para aqueles que têm assento na presença, o êxtase surge espontaneamente do coração por sua própria iniciativa".

O rabino Shapiro também falou sobre a correlação do discernimento e do físico:

Se vem do ego, fico exausto; mas se vem de uma fonte maior, não me sinto esgotado. Posso me sentir cansado, mas não há o sentimento de perda. Existe uma completude, uma plenitude que se derrama sobre mim. E também não existe nenhum sabor residual – como o aspartame. Mas, quando o ego está envolvido, pode parecer doce por um momento, mas depois deixa um sabor amargo.

Quando existe um puro ato de graça, há um maravilhoso sentimento de vazio. Nada mais resta. Na bíblia, os judeus estão errando no deserto depois do êxodo do Egito. D'us envia maná para sustentá-los e eles só podem recolher o suficiente para uma refeição. Porque se você armazenar, o maná apodrece. Jesus falou sobre esse mesmo conceito ensinando sobre os lírios no campo. Existe uma profunda sensação de confiança quando se segue a orientação. Não há necessidade de armazenar qualquer coisa, porque todas as necessidades estão satisfeitas.

Joan e Gordon: A facilidade do desapego e da confiança cria um profundo estado de relaxamento. Quando não há necessidade de armazenar, de obter controle, o cérebro e o sistema nervoso produzem aquilo que o cardiologista Herbert Benson chama "a resposta do relaxamento". Se você pratica ioga ou meditação, está familiarizado com esse estado. A mente fica calma, o corpo sente-se confortável e o coração fica repleto de calor.

A irmã Dougherty descreve a orientação como uma "experiência de corpo inteiro" que se reflete na expansão do coração e que pode ser facilmente notada. Ela aprendeu, durante anos, a diferença entre o sentimento de liberdade interior, característica do verdadeiro eu, e o de "não-liberdade", a sensação de constrição que se segue quando o ego tenta assumir o controle:

> Eu quase posso sentir a constrição. E como passamos a nos conhecer, somos capazes de reconhecer os padrões da não-liberdade que ditam nossas ações. E talvez seja esse o caso específico, quando sabemos que estamos fazendo escolhas baseadas na "não-liberdade", mas isso é o melhor que podemos fazer agora. Eu penso nisso como uma gangorra que vai para cima e para baixo. Começamos a perceber como é a sensação da liberdade e da "não-liberdade". Algumas vezes, nem compreendemos a ação em si, mas analisando melhor, podemos notar em que direção ela nos leva. A escolha estará nos levando para uma maior liberdade de amar ou ela está nos fechando em nós mesmos?

Tanto a irmã Dougherty quanto a reverenda Fageol comentaram sobre a importância da sensação causada pelo discernimento. O filósofo e psicoterapeuta doutor Eugene Gendlin concebeu um sistema de sintonia da "percepção sentida", a "focalização". É baseado na idéia da íntima conexão com tudo que está dentro e em torno de nós. Ao comer uma maçã o processo compreende mastigação, deglutição, digestão, metabolismo, eliminação, e todas as complexidades da extração de energia dos alimentos. A focalização é um meio de olhar sensorial sobre todo o processo. Traz à luz todas as tramas escondidas – o mundo submerso da realidade.

A "percepção sentida" é uma forma de aproveitamento da ordem implícita – uma visão holística que poderia ser chamada intuitiva ou ainda guiada. O doutor Gendlin elaborou a focalização quando ele e seus alunos revisaram horas de sessões gravadas por diferentes profissionais, na tentativa de descobrir quais seriam mais eficazes. A amostragem feita com psicoterapeutas de diversas escolas deu resultados surpreendentes.

A eficácia de uma sessão tinha pouca relação com o que o terapeuta fazia – estava mais ligada à atitude do paciente. Os mais bem sucedidos localizaram bem e conseguiram nomear a sensação com a qual estavam lidando. Quando conseguiam, ganhavam liberdade com relação a ela... É quando um saber inconsciente se transforma em consciente. Essa capacidade é de grande ajuda para o discernimento.

A "percepção sentida" é uma categoria especial dentro da abrangente gama de sabedoria: a auto-reflexão. Os pesquisadores sugerem que seja o tipo mais importante, uma vez que proporciona valiosas e sistemáticas observações. Oferece, ainda, a oportunidade de correção de nosso rumo e de consertar pequenos erros antes que se transformem em grandes problemas.

A quinta sabedoria: a auto-reflexão

O rabino Shalomi narra o seguinte fato: "Fui duro com uma pessoa certa vez, e naquela noite pensei sobre isso. Quando vi a oportunidade de me desculpar publicamente, o fiz. Se não fizesse a coisa certa, como corrigi-la depois? É fácil esquecer, por isso é importante anotá-las". Essa é a razão pela qual os judeus atentos praticam a retrospecção toda noite antes de dormir. Sem ela, vasculhar erros na sabedoria será um compromisso mais difícil de se realizar A retrospecção é um compromisso de auto-reflexão diária que mantém a mesa limpa e convida às ações corretas de ordem espiritual.

"Antes de dormir você revisa o dia e examina a sua consciência. Existem orações de perdão para limpar o carma nesta e em todas as outras encarnações." A clareza e a vontade de analisar seu comportamento cultivam o discernimento e o realinham com a fonte do ser.

Essa prática judaica diária de reflexão começa com uma oração de reafirmação da fé que diz: "Ouça, Israel, nosso Senhor Deus, o Senhor é um." Depois dessa reafirmação de unidade, seguem:

- Uma retrospectiva do dia, começando do último acontecimento até o despertar;

- Uma reflexão sobre o que deve ser reparado;

- As orações de perdão;

- A invocação dos quatro arcanjos e da Shechinah, a face feminina de Deus.

Santo Inácio sugeria uma reflexão similar, como forma de manter o discernimento. Chamado "exame de consciência", a prática deve ser realizada diariamente, semanalmente, ou em qualquer momento. São cinco passos:

1. Uma curta meditação, para se acalmar e entrar em estado de apreciação do dom da vida, e da bênção específica daquele dia.

2. Uma oração pela graça de ser capaz de ver a divina orientação – e compreendê-la acuradamente.

3. Um retrospecto do dia (ou do ano, mês ou semana), com atenção para a consolação e desolação: Onde estavam presentes os frutos do espírito – e onde agiu o ego? Ou, em linguagem clássica de santo Inácio, "onde estava o mal?"

4. Uma reflexão para saber se você se rendeu ao ego ou seguiu a orientação divina, expressar arrependimento ou dar graças pela sua escolha.

5. Uma reflexão sobre o necessário para seguir a orientação de forma mais precisa no futuro, reconhecer e evitar as armadilhas do ego.

As melhores intenções em se transformar a prática do discernimento em um processo mensurável, com conhecimentos específicos e competências identificáveis, não garantem serenidade frente às contradições. Um homem deseja aceitar um emprego porque está em sua área e o salário é bom. Por outro lado, a carga horária é puxada e isso poderá acarretar prejuízos em sua vida familiar. Uma mulher deseja ajudar aos outros por ser compassiva, mas deixa de cuidar de si. A noção que carrega parece ser a de que se cuidar é ser egoísta.

A sexta sabedoria chama a atenção para este paradoxo: o mundo é composto por opostos –como podemos fazer escolhas que compreendam os dois lados de uma situação, e nos permitir ver de uma nova perspectiva?

A sexta sabedoria: transcendendo os opostos

Quando o inventor Gutenberg sentia sua atenção dividida – entre a preocupação de produzir livros em massa e seu prazer por um novo vinho – entregava-se a devaneios infrutíferos. De súbito, os pólos opostos se juntam, assim nasceu a inspiração para criar a imprensa.

A invenção que revolucionou a civilização ocidental englobava as preocupações opostas com o trabalho e o prazer. Algo novo surgia daí, qualitativamente diferente das duas partes que o inspiraram. O jornalista e filósofo Arthur Koestler denomina essa função da criatividade "bissociação", um tipo de matemática que transforma a tensão entre os opostos em avanço. Embora seja desconfortável ver nossos hábitos, preconceitos e particularidades ser atingidos e desafiados, são esses padrões – mensageiros disfarçados de contradição – que têm o potencial do despertar. A resistência é uma rara e nada sensata resposta à tensão dos opostos. Quase sempre mantém atados repetidos padrões de ação e reação. Se nos sentimos na defensiva em vez de curiosos, nos tornamos dissociados (e não bissociados) daquele rico fluxo de vida que jorra em harmonia através do processo criativo.

A tensão dos opostos, quando bem interpretada, é um convite para incluir e transcender os interesses e visões opostas. A dialética de Hegel, do século XIX, faz isso com a tese e a antítese, trazendo-as para um nível superior de unidade – a síntese – que as engloba. Uma das maneiras de abrir espaço para a síntese é relaxar a tensão entre os opostos. A história da criatividade é rica em exemplos de *insights* em condições de relaxamento.

Padre Keating fala sobre a síntese como "o falso eu", que possui o caráter reducionista na interpretação do mistério da vida. A meditação, por outro lado, não tenta desfazer o condicionamento, ou lutar contra ele. A meditação nos convida a partilhar um estado diferente do ser inteiramente além dos opostos que o ego constrói.

Quando em silêncio, nenhuma de nossas energias se envolve na manutenção do "falso eu" e, subitamente, nos sentimos livres, vivendo no limiar do universo que se revela e ali permanece nos acolhendo. É assim que o silêncio pode abrir as portas da sabedoria transcendental, que está além dos opostos.

As seis sabedorias aprendidas formam um menu rudimentar para a prática do discernimento. O senso comum, a lógica racional, a sabedoria do coração e a do corpo, a auto-reflexão e o reconciliar dos opostos. São aspectos da atenção e da consciência. Mas apenas quando estamos dispostos a utilizar-nos deles. O limiar do conhecimento é onde a autêntica orientação rompe com nossos alicerces e se revela. O universo está em estado de contínua eclosão, e só quando abandonarmos nossas idéias e preconceitos é que ouvimos a voz do espírito.

Capítulo 8

NÃO VIAJE SÓ: QUANDO DOIS OU MAIS ESTÃO UNIDOS

"Um grupo de caçadores tem uma chance maior de fazer jorrar o amor e Deus, do que um guerreiro sozinho"
Hafiz, traduzido por Daniel Ladinsky

Como vimos, o processo de discernimento para saber se a orientação é real ou não pode ser complicado. É fácil nos enganarmos abandonados em nossos próprios recursos, uma vez que os ângulos cegos são, por definição, cegos. Por isso, os médicos não tratam a si mesmos, os terapeutas procuram outros para entender sua mente e o mesmo vale às questões da alma. É melhor não viajar sozinho, e sim procurar pessoas confiáveis – mesmo amigos – para apontar o que não podemos ver.

Ao responder a nossa pergunta "Existe algum papel especial da comunidade para nos ajudar a tomar a decisão correta?" Patricia Loring comenta que mesmo com a presença daquele "Deus" em todos nós, existem ainda "um monte de outras coisas". Os instintos primitivos e o condicionamento social inconsciente, quando combinados com o desejo natural do "falso eu", criam um deslumbrante conjunto de distorções, obscurecendo a orientação. O problema é que, abandonados à nossa própria sorte, tendemos a ceder à capacidade de auto-engano. Aquele impulso altruísta, por exemplo, muitas vezes revela-se como um desejo egóico de necessidade de afirmação e admiração.

O melhor remédio para evitar o auto-engano é o espelho da amizade espiritual, num contexto formal ou informal – com alguns amigos, com um mentor ou guia, ou integrando uma comunidade espiritual. A função da comunidade não é criar ou reforçar uma competitividade egóica, seu objetivo é nos orientar para o nível mais alto da verdadeira natureza, proporcionando maior clareza apoiada no "eu verdadeiro". Uma das razões para a propensão humana de repetir os mesmos erros é que temos poucas oportunidades de assistência na reflexão – e são poucos capazes de prestar essa assistência.

O vínculo que dá coerência à amizade espiritual é o desejo comum de realizar a vontade de Deus. Em outras palavras, aquilo que define esse relacionamento é a *orientação* compartilhada em direção à verdade, à luz interior.

Gordon: Eu tive o privilégio de fazer um curso sobre a arte japonesa de arranjos florais. Aprendi duas coisas importantes: a magnífica diversidade da flora, e como as flores se harmonizam quando bem alinhadas.

Um arranjo pode começar com três hastes de íris. A primeira é colocada no vaso em seu comprimento total. A segunda é cortada em um terço de haste e colocada num ângulo diferente. A última é cortada na metade e colocada em seu próprio ângulo. Essa geometria invisível é repetida com diversas flores e folhagens até que o arranjo esteja quase completo. Mas, a última etapa é que cria a harmonia: todas as flores estarão viradas na direção de uma única fonte de luz.

A comunidade espiritual prospera sobre estes dois princípios invisíveis de ordem – o valor irredutível de nossa singularidade individual e a harmonização de nossas diferenças através de uma orientação compartilhada voltada para a força, de onde provém a luz.

O autêntico nós: a face positiva da comunidade

Joan e Gordon: O poeta Daniel Ladinsky respondeu deste modo a nossa pergunta:

> A citação de Hafiz continua em minha memória. Aposto que o amado sente falta das lindas tribos de índios que uma vez corriam

sobre a Terra. A inexistência de comunidade entre eles seria impensável. Tão vital como o Sol. Nós morremos se não compartilharmos uma interação saudável uns com os outros; embora, talvez, para uns raros povos espiritualmente avançados, essa interação possa ocorrer de forma que a maioria não compreenda e certamente não se deve tentar imitar.

O monge budista Ajahn Sona concorda com Daniel na idéia de comunidade como parte essencial da prática espiritual:

> É uma das três jóias, como chamamos no Budismo, o Buda, Dhamma e Sangha. Este último é o exemplo vivo e inestimável. Apenas os indivíduos mais raros encontram seu caminho sem o Sangha.
> Os humanos são seres gregários e aprendem com os exemplos. Como músico – fui treinado como músico clássico – aprendi a tocar com pessoas mais qualificadas. Não é possível desenvolver refinamento sem uma profunda interação com pessoas que dedicaram décadas a essas sensibilidades, transmitindo de geração a geração. Isso é o Sangha.
> E acontece a mesma coisa com qualquer arte mundana. Aprendemos as artes espirituais da mesma forma: através de uma estreita e contínua interação. Então, por que não passar um tempo com quem cultiva o caminho há anos? Comece tocando as notas, e depois, talvez, saia uma música – assim é a união, o Sangha. A música executada pela orquestra, quando o Sangha está unido, é maravilhosa.

Padre Keating concorda: "É por esse motivo que devemos aprender com quem tem experiência, tanto na jornada como na comunidade. Procurar pessoas comprometidas com o propósito transformacional da vida é tarefa muito sutil – é muito claro quando se está naquele espaço, mas muito inacessível se não estiver. E o meio para conseguir é confiar no discernimento de um mestre ou de um grupo, a respeito do seu próprio discernimento."

Segundo a educadora quaker Patricia Loring, a função da comunidade é "ouvir um ao outro em direção à totalidade" ajudando-se mutuamente a transcender pontos de vista restritos, parciais ou distorcidos. Padre Keating deixa claro que a condição para uma participação significativa é partir de uma teimosia egocêntrica para uma vontade sincera e humilde de despertar para o divino impulso, já presente em nosso coração. A dificuldade desse despertar é o instante em que nossa vontade é sobrepujada pela teimosia. A teimosia é a busca pelos desejos, a maioria dos quais irracionais e resquícios da primeira infância. Eles estão fossilizados dentro dos centros de energia ao redor dos quais habitam nossos pensamentos, comportamentos e sensações – invadindo nossa órbita de gravidade. São como planetas circundando o Sol. É por esse motivo que o nível de gravidade, ou uma espécie de campo magnético, precisa ser alterado.

A transformação de teimosia em vontade é condição da alteração do campo magnético. Usamos a metáfora "Bússola da Alma". Sua agulha aponta na direção da verdade do momento para nossa verdadeira natureza e para a realidade original da situação – para nos alinharmos ao correto curso de ação. A comunidade espiritual é um meio consciente de identificar e corrigir campos magnéticos distorcidos, para que possamos reconquistar a direção correta em nossa vida.

Mas vontade não é a mesma coisa que falta de cuidado. Não se trata de abdicar de nossa responsabilidade pessoal ou de nossa autoridade interior. De fato, uma das mais óbvias formas de desvio magnético é o que padre Keating costuma chamar de "excesso de identificação com o grupo".

Refugiar-se no Sangha não substitui a responsabilidade pessoal, segundo palavras da irmã Dougherty. Seu propósito é nos dar o apoio que precisamos para viajar sozinhos, com nosso próprio "professor interno". A irmã faz distinção entre uma verdadeira comunidade, o "nós autêntico" que promove o discernimento, e uma teia de conformidade, um "nós falso" que extingue a própria capacidade de discernimento.

O falso nós: o plural de egóico é "NósGóicos"

O monge budista Ajahn Sona define o plural de egóico como "NósGóicos". Às vezes um grupo não é um verdadeiro Sangha. Em vez de ajudar os membros a perceber sua sabedoria interior (presente em cada um deles) e avançar em direção a ela, acaba funcionando como um falso eu descomunal, com um conjunto de crenças compartilhadas. Esse tipo coletivo pode ser benigno, mas, por vezes esses grupos são tão malignos como o câncer.

Jim Jones, fundador do Templo do Povo da Califórnia, levou sua congregação de seguidores à floresta tropical na América do Sul na década de 1970. Ali, em um assentamento na Guiana chamado Jonestown, ordenou que todos engolissem cápsulas de cianeto. Mais de 900 pessoas morreram nesse famoso suicídio em massa. O mundo queria saber por que as pessoas seguem alguém claramente insano.

Outro caso clássico é de David Koresh, um carismático jovem que assumiu a liderança de um culto chamado Branch Davidians se proclamando o messias. Segundo as autoridades, essa foi uma licença suficiente para uma série de assassinatos, estupros e poligamia. Em 1993, uma má sucedida incursão da polícia transformou suas instalações em um inferno flamejante: mataram Koresh e a maior parte de seus seguidores e famíliares. O saldo foi de 76 pessoas mortas, incluindo dezessete crianças menores de 12 anos.

Em 1995, os membros de um culto japonês incensaram o neurotóxico gás sarin no metrô de Tóquio na hora do *rush*, matando doze pessoas e envenenando mais de mil. O líder da seita "A verdade suprema" acreditava que o mundo estava para acabar e sucumbiu à loucura apocalíptica.

"Tenho um amigo que diz que não se pode confiar em ninguém, na perspectiva espiritual, até que ela faça parte de um culto", nos disse Oriah, a Sonhadora das Montanhas.

Há uma fase em que não percebemos que não dá para nos dedicar sem questionamento a um sistema de crenças. Do lado do professor – da perspectiva de guiar alguém –, enxergar genuinamente a carência da pessoa pode resultar em um desejo intenso de conduzi-la para onde você acha que deve ir.

Esse é o problema de saber onde está a autoridade. Quando você oferece orientação com a compreensão de "saber se serve" você devolve a autoridade para a pessoa. Mas pense nos terroristas preparados para uma missão que sobrepuja suas consciências e autoridade espiritual interior. Aparentando ser um convite ao martírio, trata-se apenas de manipulação mental.

"Quem você está escolhendo como comunidade espiritual?", pergunta Suzanne Fageol. "Quais são seus integrantes? Em última instância, isso se assenta em seu próprio controle de resultados. Seguir orientação espiritual não se trata de desistir de suas tomadas de decisões, mas confiar em si mesmo. Você precisa se conhecer o suficiente para saber se o apoio que você procura confirma seu verdadeiro eu ou se apóia em suas distorções.

Uma autêntica comunidade espiritual "precisa estar dedicada a uma vida consciente", explica o rabino Shapiro:

> O papel dessa comunidade é se desafiar em conjunto, para que se mantenham as dúvidas e que as mentes continuem abertas. Quando uma comunidade procura respostas para seus membros, é um desastre. O indivíduo precisa partilhar suas experiências de vida com o grupo – mas, deve ser um autêntico trabalho interior. Pode até trazer suas rupturas ao grupo, para depois perceber que são partes de você mesmo, e não dos outros. O grupo age como uma testemunha, não julga, não ajuda nem acusa. Não existe um caos egóico. Você é sua própria testemunha e isso é uma cura – o programa dos 12 passos, por exemplo, é um programa poderoso para o crescimento espiritual e está fora de um contexto religioso.

"A mente do grupo não se trata de um pensamento coletivo",

diz Susan Baggett, do Centro para uma Vida com Propósito. Como diferenciar uma coisa da outra?

Em um pensamento grupal, o líder lhe diz em que acreditar. No Centro, uma idéia é colocada no centro de um círculo, se houver 35 pessoas ali, serão 35 idéias. E, então, elas avaliam o quão próximo do propósito dos estudos as idéias podem estar. As que não se alinharem, serão como mãos levantadas.

Thomas White, um colega de Susan, entra na conversa: "Quando uma decisão é tomada, todos a confirmam. Houve casos em que tomamos uma decisão medíocre, mas que no final deu certo porque todos compactuaram".

E há dissidentes? Segundo Susan, nunca houve um caso. "Nem mesmo quando erram ninguém aparece dizendo 'Eu não disse?', porque há uma confiança no grupo, desenvolvida com o tempo".

Susan continua: "Sempre abordamos como um experimento. Apoiamos as resoluções até que se prove que não darão certo, e aí tomamos outra. Não podemos afundar o navio – mudaremos seu curso. Não é possível tomar uma posição e se agarrar nela, porque confiamos que a visão do grupo nos avisará da rota distorcida, para que os ajustes sejam feitos."

Numa comunidade "inautêntica", por assim dizer, o grupo inteiro pode estar fora de rota, e dissidentes não serão bem-vindos. Uma adesão cega a um curso de ação pode resultar em caos e destruição. A parábola dos porcos gadarenos esclarece como isso costuma acontecer.

A província dos gadarenos, uma antiga região da Palestina, foi palco de um dos milagres de Jesus, quando ele transformou demônios em um rebanho de porcos que fugiram para o mar e se afogaram. Os porcos, em sua rota para a destruição, pareciam estar "em formação", como explicou o falecido psiquiatra R. D. Laing em um dos seus livros. O exemplo dele é o de um avião que voava fora de formação com as outras aeronaves. Aquele avião estava fora de curso, ou o resto do grupo é que voava na direção errada? Se assumirmos que os aviões em formação estão na direção certa porque são maioria ou que aquele solitário está fora de curso, assumimos o risco de cometer um grave erro de lógica, chamado "A falácia dos porcos gadarenos".

Saber a diferença entre estar "em formação" com outros e estar na sua própria rota de orientação interna é vital para uma direção espiritual. O relacionamento espiritual requer, paradoxalmente, nossa vontade de permanecer na pureza de nossa solidão sagrada. Isso significa que não existe amarras, nem sufocamento, nem enredamento – nada pode nos forçar a entrar "em formação". Estamos sós como uma estrela no céu, com nosso próprio centro de gravidade. Ainda assim, o espaço de reverência mútua nos mantém juntos, permitindo que cada um brilhe como uma jóia no seio do infinito. Juntos, formamos uma constelação.

Uma comunidade autêntica sabe mais, sente mais, imagina mais e intui mais que seus membros, porque eles não estão reduzidos a um mínimo denominador comum, a um rebanho. O objetivo é a expansão para alcançar os outros. É aquilo que Aldous Huxley chama de "o máximo denominador comum" – a sabedoria da verdade final. O campo criativo que emerge de um "autêntico eu", relacionando almas a almas, com outros "autênticos eus", ampliando a luz de cada membro. Confome Jesus ensina, "Onde dois ou três estiverem reunidos em meu nome, lá estarei". (Mateus 18:20).

Por outro lado, a comunidade "inautêntica" sabe menos, sente menos, importa-se menos que seus membros individuais. O pensamento coletivo, que representar qualquer tipo de conformidade com uma rendição da responsabilidade individual, reduz a inteligência grupal. O resultado é uma resposta muda e passiva em face a uma realidade em constante mudança.

A perda das diferenças é degeneração, não transcendência. Imagine se você tentasse se mover de forma rígida, em vez de agir com a flexibilidade que lhe permite dançar ou tocar piano. Em qualquer grupo, a diversidade de habilidades fomenta a criatividade. A diferença entre a resposta "graciosa e apropriada" de um "autêntico nós" e a desajeitada "resposta em grupo" que caracteriza o "nós inautêntico" está para a diferença entre a liberdade e a ausência.

O psicólogo Erich Fromm descreve o "inautêntico nós" em sua análise sobre a loucura coletiva na Alemanha da Segunda Guerra, nas justificativas de estar "apenas seguindo ordens". Naquela época, bem como hoje, existia apenas uma coisa que as pessoas temiam mais do que a morte: a solidão.

Na tentativa de nos salvar desse perigo, do ostracismo ou da humilhação pública, tapamos os olhos para a verdade interior em conflito com a "formação" de grupo. Esquecemos nossa própria orientação e entramos no "inconsciente social", definido por Fromm. No filme *Matrix*, alguns escolheram ingerir a pílula azul, tornarando-se parte de uma máfia de sonâmbulos – dóceis e complacentes. Eram os covardes, que escolheram o conforto da conformidade contra a incerteza de serem eles mesmos.

Solomon Asch, um dos fundadores da psicologia social, realizou uma série de experimentos na tentativa de demonstrar essa pressão da conformidade. Reuniu um grupo de pessoas, e uma delas foi deixada no escuro. Para aferir o verdadeiro objetivo da experiência, Asch mostrou ao grupo um desenho com três linhas verticais de diferentes comprimentos: longa, média e curta. Todos no grupo, exceto o afastado, insistiram que a linha mais curta era a mais comprida. Apesar de observarem outra coisa, um terço concordou com a maioria desinformada. Essa "auto-cegueira" confirmou as observações de Fromm de como é poderoso o desejo de fazer parte, de se sentir seguro na identidade do grupo. Mas quando recuamos em cega obediência, ou a seu espelho – a necessidade de manter absoluto controle – voamos para longe da liberdade. E o que é a liberdade, a não ser a corajosa participação e a criativa interação com o desconhecido – a única condição de estarmos em curso com nossa verdadeira natureza?

O individualismo, em oposição à individualidade, entretanto, é outra forma de perder a liberdade. A couraça ao redor do coração, o temor de nos dissolver e perder uma relação, se opõe à intimidade do "eu-com-eu", que é o cerne do crescimento espiritual. Os americanos, em particular, têm sofrido de uma prolongada ambivalência sobre a comunidade com a insistência de que a gratificação individual, a qualquer preço, é o maior dos bens. Esse individualismo temerário tem deixado um doloroso vazio espiritual no coração da vida americana. Boa parte do mundo moderno padece do mesmo dilema. O desafio do século XXI é transcender os extremos do individualismo e do coletivismo, que colidiram em guerras ideológicas no século passado, segundo o teórico Ervin Laszlo. Nem o capitalismo do livre mercado, que explora o mundo nem o totalitarismo que extingue as liberdades individuais são expressões adequadas do que representa o ser humano em sua responsabilidade na comunidade global interdependente.

A comunidade espiritual transcende a dicotomia entre individualismo e conformidade através do encontro de alma com alma, centro com centro, convidando à presença de uma inteligência superior – a de que precisamos desesperadamente neste momento crucial da humanidade.

Gordon: Nos grupos em que fui facilitador, no início dos anos 80 na Universidade da Califórnia, notei que quando as pessoas baixavam a guarda e se moviam em direção ao "autêntico eu", parecia com colocar mais uma lâmpada na árvore de Natal. Só quando a última pessoa do grupo se mostrava de modo real e presente é que toda a árvore se iluminava. A inteligência do grupo florescia e os participantes se tornavam mais do que a soma dos indivíduos – eles se transformavam num criativo "nós".

Comunidades para o discernimento

Joan e Gordon: As comunidades autênticas, como Sangha, criam condições para aprender, crescer e criar. Essas comunidades amplificam a luz e facilitam mudanças nos membros em direção a sua verdadeira natureza, que é o propósito final do discernimento e sua melhor esperança.

Suzanne Fageol comenta: "Existe uma qualidade em ouvir, uma sustentação de meu melhor estado, e uma habilidade de perguntar que abre minha experiência e ajuda a converter meu ego para o espírito. Passo a me encontrar numa posição de avaliar minhas próprias experiências, porque no final de tudo, sou eu quem diz sim ou não às respostas da comunidade para mim. Então, dessa forma, a comunidade age como um recipiente que contém discernimento".

Oriah, a Sonhadora das Montanhas, também destaca o discernimento da comunidade como papel fundamental. Enquanto grupo religioso ou espiritual, algumas vezes pode até ser uma comunidade de amigos, que o conhecem bem e podem alertá-lo quando fora de rumo: "Houve uma época em que um trapaceiro queria me tirar algum dinheiro", Oriah conta. Ela explica:

> No meio da situação, recebi um sinal de que devia ligar para uma amiga, que me disse e: "Sabe, Oriah, você não se parece como você mesma". Isso foi o suficiente para que eu desse uma parada. Meu próprio discernimento falhara, mas acreditando na amiga, disse ao homem que precisaria esperar 24 horas para respirar e, recuperando meu discernimento, decidir.
>
> Há momentos em que perdemos o discernimento e não percebemos, mas outros podem ajudá-lo. Isso é inestimável. Não podemos confiar sempre em nosso próprio discernimento, por isso é bom perguntar aos outros: "Como me vê diante desta situação?"

"Precisamos manter a proteção no lugar", segue Oriah. "Quando eu era jovem, pensava que seria capaz de consertar algumas coisas em mim – minha tendência de me sobrecarregar, pegando mais trabalho do que pudesse de fato corresponder. Minha arrogância era tanta – "Agora que sei disso, vou corrigir". Hoje sei que poderia ficar presa nesse ponto cego pra sempre. É meu grupo de consultores que pode determinar – com sua visão e acuidade – quanta energia devo colocar em certas coisas?"

A acuidade de que fala Oriah está relacionada com a clareza de visão. Nota-se que o olho humano tem duas características que permitem enxergar: as células cone, que nos ajudam a focar um único objeto em nossa linha de visão; e os bastonetes, que nos conferem visão periférica. Uma boa comunidade espiritual pode agir como os bastonetes, assim passamos a enxergar não só o que está diante de "nossos olhos", mas também seu contexto maior.

O pensamento quaker sobre as comunidades

Patrícia Loring nos ensina:

> Uma função da comunidade é discernir coisas como uma comunidade. Nós organizamos comitês de clareza, grupos pequenos onde os membros podem perceber o que diz respeito à sua vida particular. Uma vez por mês nos reunimos para examinar assuntos que afetam a comunidade como um todo. Mais uma vez estamos numa espécie de oração contemplativa aberta trazendo perguntas, situações e possibilidades de Iluminação.
> Os quakers não se movimentam antes que todos concordem. Mas não há nenhuma ditadura da maioria. Se as opiniões estiverem divididas, a decisão pode demorar meses, permitindo que o tempo de oração e reflexão cesse as emoções para resolver o assunto.

Deanne Butterfield, que participou de um encontro em Boulder, diz que essas reuniões se assemelham a um "orelhão coletivo" para ouvir a palavra de Deus:

> Qual é o papel do grupo? Se você acredita no processo de falar em reunião, precisa estar aberto a receber a mensagem que é dita em silêncio, confiando que seja uma mensagem do divino. Talvez até não seja, mas temos a obrigação com todos: escutar atentamente e sustentar a visão, para testá-la.
> E se for uma mensagem de Deus? O que ela significa pra mim? Pode ser um convite para se questionar se pode ser acessada em meu reservatório espiritual. Algumas vezes não vem de Deus, mas não julgamos.

Algumas vezes é tão distante de nossa experiência que não sabemos o que fazer com aquilo e devemos, então, conviver, falar sobre ela.

Se você assume que os participantes estão com o pé no chão, deve ouvi-los. A orientação não se dá apenas entre mim e o espírito. É também um convite para avaliar o que o outro está recebendo. Talvez a mensagem seja destinada a mim e eu só conseguisse obtê-la de tal modo.

A reunião também pode amplificar a luz recebida. Deanne avalia que como há um Deus em cada integrante de um grupo, é possível acessar diferentes partes do divino. Quando todos se reúnem em busca de abertura, a presença do espírito é amplificada, exatamente o que vivenciamos quando entrevistamos Deanne Butterfield, Denny Webster e Mary Hey, as três sábias quaker do grupo de Boulder. O campo envolvente parecia se expandir, clareando e brilhando cada vez mais.

Um senso de comunhão expandida, com a presença divina se tornando palpável, provavelmente salvou a vida dos quakers em tempos coloniais. É o que mostra a história de amizade entre os quakers e os índios, na Pensilvânia: "Um grupo hostil de índios apareceu em uma reunião e estavam prontos para matar e escalpelar, mas como a presença divina era notável, sentida, os índios sentaram e se uniram ao grupo, que não demonstrou medo."

Mary Hey compara o Comitê a um espelho:

> Muitas vezes o discernimento de um pode afetar a todos. Leva tempo para atingir clareza porque, em princípio, todos convergem. Mesmo em nosso grupo, com um membro que está preso por um ato de desobediência civil, a responsabilidade por cuidar da vida exterior se apresenta em apoio ao indivíduo.

Enquanto muitas instituições religiosas criam comunidades de apoio e suporte, outras – como as reuniões quaker – se assemelham mais à Sangha dos músicos: aprendendo sutilezas de uma prática espiritual. Comunidades abertas se caracterizam pelo espírito da experiência, em contraposição a dogmas ou soluções grupais. As comunidades do último tipo podem não apenas bloquear a orientação espiritual, mas também, em alguns casos, pôr em risco seus membros e, por conseguinte, o mundo como um todo. A concretização de uma religião mal orientada – transformada em casca desprovida de vida – pode ser uma das maiores ameaças à liberdade interior e ao discernimento espiritual.

Solomon Asch, o psicólogo social que estudou o pensamento coletivo, identifica quatro componentes para uma colaboração bem sucedida:

1. Respeito mútuo, no plano das igualdades não há hierarquia dominante.

2. Abertura, implica estar aberto ao outro e a novas idéias, pensamentos, comentários e correções.

3. Confiança, amadurece com o conhecimento melhor do outro.

4. Visão compartilhada ou propósito.

Dessa leitura, Patricia Loring sugere um quinto componente:

5. Dimensão adicional da presença sentida, de movimento e de orientação do espírito de Deus, para que as interações se apóiem. Adoro a imagem de uma Sangha de músicos. Os sinto mais como músicos de *jazz*, que respondem com sensibilidade, ao ouvir atentos os padrões e explorar as possibilidades infinitas de sua música.

Nós somos animais sociais, precisamos uns dos outros para

crescer física, emocional e espiritualmente. As comunidades podem nos ajudar a suportar a curiosidade e a exercitar a paciência no espaço mágico do "não saber", apontando-nos a voz interna – a luz interior – que habita nosso coração.

Capítulo 9

AS PRÁTICAS DE ALINHAMENTO AO ESPÍRITO DE ORIENTAÇÃO

*"O vento da graça divina sopra sempre.
Você precisa apenas abrir as velas."*
swami Vivekananda

A atitude é uma postura ou posição em que nos apoiamos. Os falcões voam nas ondas térmicas ao redor das montanhas, mantendo suas asas em atitude convidativa, para que o vento os guie. Na orientação espiritual, a atitude de alinhamento é a humildade, uma mente aberta pela curiosidade e entrega incondicional para a vida que se abre aliada à fé no potencial de despertar, ainda que a situação, na superfície, pareça horrível.

A prática espiritual desenvolve e mantém atitudes de receptividade à orientação. O swami Adiswarananda aconselha levar em conta o tempo para despertar em nossa verdadeira natureza. Ele observa: "Quem vai saber qual o momento exato? Pode ser num relance ou demorar muitas vidas. Devemos estar preparados para o reconhecer, e não se pode acelerar."

Neste capítulo, vamos explorar maneiras de despertar e se preparar para quando a orientação e a revelação chegarem. Jesus explica a atitude do olhar receptivo em uma parábola relatada no Evangelho de Mateus. Comparando a entrada no Reino dos Céus com as dez noivas à espera do noivo. Metade das noivas lembrou-se de trazer óleo para as lamparinas; a outra se esqueceu. Esperaram tanto que caíram no sono. À meia-noite, foram avisadas de que o noivo havia chegado. As mais sábias acenderam as lamparinas e entraram no quarto nupcial. Quando as esquecidas foram procurar óleo e finalmente encontraram o caminho, a porta já estava fechada. "Esteja desperto", Jesus encerra o ensinamento, "porque você não saberá qual o dia e a hora que o Senhor virá".

Prestar atenção ao noivo é uma metáfora da receptividade à orientação do espírito, que lhe trará ao Reino dos Céus – a identificação de quem é e por que está aqui. O óleo na lamparina fornece luz para a jornada, agrega uma série de práticas espirituais que detalhamos neste capítulo. Elas ajudam a manter e desenvolver a atitude de humildade – a eterna vigilância para esperar por todas as horas da "noite".

Compreendendo a prática espiritual

Nossos gurus identificam várias ações para promover essa atitude de vigília, parte integrante do propósito da prática espiritual. Há muitos outros: desenvolver a compaixão, formar equanimidade, e aproximar-se de Deus ou da realidade original, e, ainda, a indagação sobre a natureza dessa realidade, para citar apenas alguns objetivos. Vez que somos todos diferentes, a prática espiritual adequada a uma pessoa pode não servir a outra.

Joan: Nem todos poderiam passar sete anos de meditação dentro de uma caverna, como meu amigo budista Lama Surya fez. A doutora Suzanne Fageol avisa: "A prática é muito específica, e a sua escolha recai em sua tipologia espiritual – escolher as ameaças que o afligem para fortalecer sua conexão com o divino. Certos portais funcionam melhor para uns dependendo de sua inclinação – como são quatro os ioga. O caminho da devoção, o da ação, da contemplação e do intelecto. É uma questão de se conhecer e saber o que funciona melhor para você... Qualquer que seja a escolha, a idéia é ter tempo para praticar e com regularidade".

Ajahn Sona, o monge budista, também concebe a prática espiritual como um esforço continuado:

> De todas as religiões, o budismo talvez seja a que mais insiste na

idéia de esforço pessoal como meio de salvação. O enfático ensinamento do cânone Pali é "esforço". Buda disse: "Monges, esforcem-se. Se não conseguem, não lhes pediria para se esforçar, mas já que conseguem, assim digo, esforcem-se..."

Tal qual um atleta olímpico, eles fazem coisas difíceis, mas logo percebem um grande avanço após um bom tempo de prática. Mas praticam. Pode até parecer fácil no final, mas depois do período de preparação. No budismo, há uma fé na causalidade. Se você planta uma semente de cereja, nunca nascerá uma macieira. As causas são estabelecidas e os resultados são conseqüentes. Se há esforço, espere por resultados. É o único princípio que Buda oferece. É algo que você pode fazer e confirmar por si mesmo.

Qual é o meu caminho espiritual?

Joan e Gordon: As pessoas muitas vezes se questionam qual seu caminho. Dalai Lama escreveu a respeito de um maravilhoso "supermercado espiritual" que os americanos têm à escolha. Procure na internet e descobrirá informações que um dia eram limitadas à elite mística. Hoje, está lá à disposição, incluindo informações sobre alguns grupos locais.

Essa enorme diversidade de práticas espirituais revela disposições humanas muito diversas. Não é porque seus pais pertenciam a certa tradição religiosa que ela será a mais adequada para você. Não é porque reserva uma reverência especial em seu coração à Madre Tereza que seu caminho será o mesmo que o dela: o da abnegação.

O swami Adiswarananda nos ensina de modo conciso como distinguir se um caminho espiritual é o seu dharma ou não. Se for, explica, o caminho será natural, eficiente, e elegante.

Natural

De acordo com swami, uma ação é natural quando espontânea e desprovida de consciência. Você não reclama crédito pelo que está fazendo, ao contrário, a ação flui de você pela sua própria disposição de espírito. "Os pássaros não se gabam de poder voar. É uma função natural." Para aquela pessoa cujo dharma é a oração e a contemplação, sentar numa caverna por muitos anos pode exigir resistência, mas está de acordo com sua disposição natural.

Joan: Em meu livro *Sete Caminhos para Deus*, exponho sete tipologias básicas de espiritualidade. Alguns se revelam contemplativos; outros, místicos por natureza. As práticas do segundo grupo são retiradas do mundo natural e suas estações. O dharma de uns é criativo. A harmonia e a beleza reveladas em seus poemas, em seus escritos ou em suas músicas são seu caminho espiritual. Outros são carmas iogues. Ainda há os profundamente devotos – cujo dharma é adorar um deus pessoal como o divino amado. Os sábios são de natureza intelectual e seu caminho natural é o conhecimento.

Seja qual for o seu dharma, o importante é aceitá-lo dignamente. Se sua natureza é mística, não se force a seguir o caminho do conhecimento, ou imitar alguém que vive a orar e jejuar. No passado, os professores tentavam transformar os alunos canhotos em destros, o que não se revelou uma boa idéia. Seu cérebro sabe de que maneira foi feito – e seu coração também.

Eficiente

O swami aconselha: "Não considere suas ações no mundo de forma pessoal porque não é você quem as realiza – é Deus trabalhando através de você. Você pode aceitar seu dharma de modo fácil e naturalmente, porque possui um nível adequado de habilidade e destreza para realizar as tarefas exigidas; por isso, suas ações são eficazes e não exigem energias extras ou indevidas."

Eu conheço um violinista que, embora tenha se formado em medicina por exigência de seus pais, nunca exerceu a profissão. "Eu não era bom naquilo", ele explicava. Esse homem conseguiu certo nível de proficiência, mas seu coração não estava envolvido naquilo e achou que sempre seria uma luta vã. Ele nasceu para ser músico, por isso é eficiente. Embora finalmente tenha sido capaz de realizar seu sonho, sua função natural, a música, exigiu anos de prática para atingir o ponto desejado. Tocar violino exige esforço – mas não um esforço indevido como pedia a medicina, porque a música era uma capacidade inata.

Elegância

A terceira e última forma de identificar o dharma é a elegância. Como atores no palco devemos representar o papel que nos foi dado com beleza e equilíbrio: "Um desempenho gracioso e elegante é marcado pela proporcionalidade, ritmo e harmonia – seu dharma cumprirá as leis da estética e da beleza". Como o violinista desempenha sua música com uma elegância inerente.

Se suas tentativas de poesia se tornam um tormento, é mais sábio procurar o propósito de sua vida e o caminho espiritual em outro campo. No entanto, a elegância – bem como a eficiência – exige tempo e perseverança para se manifestar. A performance virtuosa de um violinista tocado pelo espírito da divina beleza transparece fluidez, mas se assenta sobre longos períodos de prática. O mesmo se dá no exercício espiritual.

Seja qual for a sua, é importante reconhecer que os rios fluem para o mesmo oceano. A finalidade de cada caminho é a mesma: trazer-nos de volta à comunhão com nosso verdadeiro eu e com o espírito da orientação.

Práticas espirituais essenciais

Joan e Gordon: O filósofo contemporâneo Ken Wilbert é amplamente considerado um gênio da interespiritualidade. Profundamente preocupado em identificar práticas espirituais que transcendam diferenças religiosas externas – o que chama de espiritualidade essencial.

A gratidão, por exemplo, não exige ideologia particular, embora eduque a amplitude e a receptividade – aquela atitude que atravessa julgamentos e preferências pessoais e convida à presença do terceiro. A concentração também é uma habilidade essencial, porque sem ela não poderíamos sustentar a vigilância. A atenção é a prática que treina a consciência, e nos leva ao núcleo da percepção de que nossos pensamentos não são "nós": os pensamentos vão e vem, mas sua origem e destino é constante – a certeza de ser você mesmo.

Nesta seção consideramos algumas idéias espirituais essenciais úteis para todos, mesmo religiosos, pessoas espiritualizadas ou ambos.

Rezando por ajuda

Joan: Na conversa com o rabino Zalman perguntamos sobre o *sh'ma*, oração cuja tradução mais próxima do hebraico seria: "Ouça, oh Israel Senhor nosso Deus, o Senhor é um." Ingenuamente acreditava que – como o *Sh'ma* se relaciona a ouvir – poderia ser uma forma de receber orientação. Ao que o rabino Zalman respondeu: "O *Sh'ma* não é uma oração, é uma afirmação. Não a encaminhamos a Deus, mas a nós mesmos. Moisés endereçou o *Sh'ma* ao povo de Israel como uma declaração de fé. Se me perguntasse qual a oração mais importante do judaísmo, eu te responderia que é "Por favor, Deus, nos ajude". É semelhante ao Kyrie Eleison - "Deus, tenha piedade".

Essa explicação me arrebatou. No passado, quando estava acostumada a ouvir a tradução corrente do Kyrie Eleison "Senhor, tem piedade de mim, sou um pecador", a palavra pecador me parecia fora de lugar. Mas somos todos pecadores no sentido da raiz hebraica, que significa "perder a marca." Ainda em minha "Noite escura da Alma", pude reconhecer que todo o meu conhecimento de psicologia não era, e nunca seria, suficiente para me ajudar a atingir a marca. A distância entre o lugar em que estava como ser humano e onde gostaria de estar – mais corajosa, paciente e mais verdadeira – era assustadora. Talvez a oração fizesse realmente parte da resposta.

E tem sido assim. A Joan que escreve hoje é muito diferente daquela pessoa que se sentou com lágrimas nos olhos quando o rabino Zalman sugeriu que as orações por ajuda eram as mais importantes na tradição judaica.

Joan e Gordon: Sally Kempton se refere às orações por ajuda como um relacionamento:

> Cheguei a uma espécie de barganha com o divino, em que era correto orar por qualidades como renúncia e humildade; orar por um bem maior; orar pelo meu trabalho etc. Então me habituara a pedir graça e orientação quando escrevia ou preparava uma conferência. Tendo ao perfeccionismo, e quando as coisas não correm bem, todo o processo se torna tortuoso. Então aprendi a orar por ajuda antes, de modo bem formal, dizendo: "Não sei o que escrever nem como escrever". Ofereço essa oração com o sentimento sincero de que não conseguirei escrever por mim mesma e pergunto, "O que o Senhor quer dizer?" Tudo era muito pragmático de início – precisava de ajuda, então me voltei para Deus. Eu me sentia incapaz de produzir no nível que desejava, por isso procurei um poder maior e isso contorna minha dificuldade de auto-confiança.
>
> Com o tempo, a oração se tornou menos um pedido desesperado e mais uma renúncia, abrindo espaço para que verdade mais profunda pudesse falar.
>
> Existe uma prática que ensino que encontra eco em muitas tradições. Você anota a questão ou o problema e coloca no papel tudo o que sua mente tem a dizer a respeito. Nesse ponto, você entra em meditação e quando uma consciência mais profunda emergir, você pede orientação. Em seguida, escreve-se o que surgiu daí. A resposta vem do que acredita estar acessando – Deus, seu eu superior, sua intuição, como queira.

A intenção de despertar e permanecer aberto, orientando-se a seu "verdadeiro eu" é uma atitude, uma orientação específica para que o vento levante nossas asas. A mudança fundamental entre estar fechado e estar aberto – ciente de que não conhece toda a verdade, mas continua receptivo para descobrir – tem o poder de lhe trazer para o presente. Estar ligado no agora é um conceito simples, mas exige muito na prática... exatamente o porquê de praticarmos e a causa de duas pessoas de diferentes tradições – um judeu e um vedanta – apresentar o habito semelhante de rezar por ajuda.

Quietude: cultivando uma mente silenciosa

"Se vivemos regidos pelo ego", comenta o xeque Helminski, "como poderemos ouvir a orientação? Na hora que ela chegar, será uma mensagem pesada. Não terá a sutileza de sua graça e beleza – será uma martelada na cabeça... Temos que abrir o espaço interior do silêncio e quietude para ouvir as orientações."

Esse espaço pode se abrir de várias formas: pela meditação, cenários harmônicos, caminhada, música e simplificando nossa vida, para não sermos devorados pelas exigências de obter, gastar, e manter uma gama de inutilidades sem as quais viveríamos perfeitamente bem.

O silêncio é antes de tudo um estado de espírito, e não um atributo de locais remotos. Quem já tentou meditar alguma vez sabe o quanto nossos pensamentos nos interrompem. Sempre que desocupamos a mente, ela tende a se fixar em uma sucessão de coisas. Essa verdadeira mastigação mental produz um ruído interior, ainda que esteja sentado em uma floresta virgem ou caminhando numa rua movimentada.

Um dos resultados da meditação constante é a gradativa estabilidade de atenção, permitindo silenciar a mente. A experiência resulta de um pacífico e receptivo silêncio interior. O diálogo interno pode não cessar completamente, mas não nos identificamos mais com ele ao reconhecer que não somos nossos pensamentos, mas algo mais profundo. A paz e o contentamento gerados dessa percepção transformam seu jeito de ser no cotidiano. As circunstâncias externas não o perturbam mais, e se torna mais fácil o equilíbrio, e o melhor, a orientação brota espontaneamente do nível de consciência acima das limitações do que você acredita conhecer.

Ajahn Sona descreve como se dá:

> Muitos problemas não devem ser resolvidos, mas dissolvidos em silêncio e clareza. Para que os resistentes encontrem outras soluções. A cristalina transparência que se segue ao silêncio é o que desejamos.
>
> No Ocidente, o gênio da intuição foi esquecido e espantado por pensamentos desesperados e agitados. Perdemos a confiança no valor do silêncio e da espera. Nossas instituições educacionais nos condicionam ao pensamento discursivo. Nos mostraram o botão de "ligar", mas esqueceram do "desligar". Transformaram-nos em uma máquina pensante à mercê de um único método de obter conhecimento. A outra faculdade, a escuta silenciosa das respostas oriundas do mais profundo de nossa mente, não ensinaram.
>
> Essa é uma de minhas especialidades – contar às pessoas que há outro modo de entender as coisas. O que quero dizer é que 95% dos nossos problemas não serão resolvidos; serão dissolvidos se sua mente silenciar. Ao sair desse estado silencioso, perceberá que 95% dos problemas não eram reais. Se os 5% restantes forem reais, poderão, agora, ser tratados pela lucidez.

A meditação não é o único modo de transcender a mente discursiva. Caminhar pela casa, no salão de ioga de Mukunda Stiles pode ser um convite à clareza e tranqüilidade do espírito. Não são espaços simples, harmoniosos e totalmente livres de desorganização. . . São igualmente belos. A arte espiritual – *thangkas* tibetanos, estátuas de várias divindades e reproduções fiéis de mandalas –, tudo cria a atmosfera para a quietude pacífica.

Como freqüentadores da ioga-terapia de Mukunda, notamos que o corpo começa a relaxar e a mente se acalma ainda antes das sessões. A serenidade de seu estúdio se espalha ainda pelo quarto de meditação, ou a "caverna", como ele prefere. Nós nos sentamos na frente de seu altar, que ostenta objetos sagrados como um gorro de lã usado por seu falecido guru, o swami Muktananda, e várias imagens da mãe divina. Velas simbolizando a luz interior em união com a divina luz completam a luxuosa caverna, mesmo em sua simplicidade.

A psicóloga Linda Backman é especialista em regressão e falou de uma série de práticas diferentes que podem produzir a calma e o silêncio na mente:

> O silêncio ajuda – não apenas sonoramente, mas também no espaço físico. Se faz necessário certa solidão para se distanciar das demandas diárias. Ficar só, com você mesmo e sem intrusão, é essencial. Acredito que a orientação, para muitos, vem da quietude e do silêncio. Mas nem todos são assim, há quem necessite de movimento, de estar lá fora e outros precisam de som. Para mim, o que funciona é uma viagem xamânica acompanhada de tambores. Também gosto de observar uma vela à noite ou de ouvir o som de água corrente. Embaixo do chuveiro é um ótimo lugar para eu receber orientação. Talvez, essa eficácia se deva à água. Literalmente me sinto limpa. As outras se devem pelo retiro das armadilhas do mundo exterior. E claro, devo mencionar a música. Determinados tipos de música galvanizam minha conexão espiritual. A música de piano muda minha energia. De noite ou de manhã cedinho, quando o véu ainda é fino, consigo me conectar mais facilmente. É porque o mundo está mais silencioso nesses períodos.

Se tirar alguns minutos para aquietar sua mente de manhã, logo ao acordar, poderá fazer seu dia fluir mais suavemente. O resultado mais inesperado dessa prática é que encoraje a gratidão, outra faceta da humildade como prática espiritual universal.

O místico cristão Meister Eckhart acredita que se o "muito obrigado" fosse sua única oração, seu mantra, já seria o suficiente. Os cientistas concordam, uma vez que a gratidão e sua relação com corpo e mente são atualmente uma das áreas mais quentes da pesquisa psicológica.

Gratidão

Padre Keating cita: "Na gratidão tudo está. Isso é uma experiência pessoal ou não? Pra mim parece muito pessoal e avançada – em outras palavras, é a relação com a presença desconhecida que inspira a gratidão e essa é uma resposta fundamental para crescer em direção à divina Presença."

O xeque Helminski, tradutor de Rumi, se delicia com a modo de se comunicar do poeta sufi, "sobretudo o próprio senso de temor e apreciação pela dimensão da divina abundância". Gratidão e gratuidade compartilham a mesma raiz – a divina abundância. Estamos em um banquete na Terra, apesar de todos os problemas, e nossa tarefa é receber em abundância o que foi colocado à nossa frente. A gratidão, a capacidade de receber e estar presente à vida em toda a beleza, terror, criação e destruição.

Joan: Quando somos crianças, receber é natural. Quando bebê, meu netinho Alex costumava ficar tão animado olhando ao redor que se agitava de deleite. Era um professor natural da Kabbalah – "receber". Mas beber o mundo com a excitação inocente de uma criança dura pouco. Quando ficamos mais velhos, esses canais de recepção se fecham dando lugar para o ego, com seus julgamentos, desejos e medos. A vida perde seu brilho, e quando achamos que a vida nos é devida, desenvolvemos uma forma mais superficial de conexão com as coisas – é muito fácil para um adulto passar ao lado de um lago com um bando de gansos e não ver mais que o cocô das aves nas margens.

Joan e Gordon: Um dos maiores professores contemporâneos no ensino da gratidão é o monge beneditino irmão David Steindl-Rast.

O irmão David foi enviado para receber um extensivo treinamento na prática zen. Alternando períodos de retiro com palestras ao redor do mundo, é um palestrante global do que chama de gratidão – a grande plenitude. A gratidão é uma prática natural da mente atenciosa, uma maneira de chegar ao momento presente, independentemente de suas crenças. Seu site – www.gratefulness.org – tem uma extensa e atualizada lista de práticas que apóiam essa atitude. Um dos exemplos mais simples é fazer uma retrospectiva do dia antes de se deitar e escolher uma única coisa para agradecer, uma pela qual você nunca expressou apreço. O resultado é um aumento de atenção ao longo do dia, uma vez que você estará sempre à procura de algo novo para agradecer.

A gratidão não se limita apenas a coisas boas. Engloba a plenitude da vida – o que se caracteriza normalmente como "bom e mau" e nenhum pode ser realmente o que parece. Existe um famoso ensinamento taoísta sobre um pobre agricultor chinês que parecia andar numa maré de azar quando seu único cavalo fugiu, na época do plantio. Mas sua sorte pareceu mudar para melhor, quando o cavalo voltou liderando um rebanho de cavalos selvagens. Porém, o "bom" se mostrou ser "mau" quando o filho do agricultor, ao tentar domar um desses cavalos, caiu e quebrou a perna.

No verso seguinte dessa longa história, os soldados do imperador chegam à cidade com a missão de reunir todos os jovens para a guerra. O filho não pode ir porque está machucado. A história continua ilustrando como tudo está inter-relacionado, não se pode concluir facilmente o que é bom e o que é mau. Nós podemos, por exemplo, ser gratos a uma coisa que antes achamos "ruim".

Mas por que não sermos gratos agora? Se for possível identificar as habilidades necessárias para enfrentar seus problemas atuais, imagine-se utilizando-se delas e demonstre sensibilidade àquilo que está aprendendo no processo. Escrever uma lista diária de coisas pelas quais se sente grato pode aumentar a energia, a motivação por realizar projetos e o próprio bem-estar. Pode reduzir a ansiedade, a depressão, a dor ou a raiva.

Um estudo revelou que as mulheres que tinham vivido com homens agressivos, mas podiam identificar coisas positivas e tinham aprendido, apresentavam menores sintomas de transtorno pós-traumático do que outras. Como a gratidão é uma prática de cultivo da aceitação, está intimamente relacionada com o desenvolvimento de outra atitude – a renúncia.

Renúncia

"Aprenda a alquimia: os verdadeiros seres humanos sabem", escreveu Rumi. "No momento em que você aceitar aquilo que lhe foi dado, a porta se abre." Uma atitude facilmente mal interpretada é a de cultivar a habilidade do "estar aqui e agora" e aceitar sua situação. Isso não significa abandonar o esforço para melhorar a sua vida pessoal – mas será mais confortável e eficiente se parar de resistir à realidade do momento. O passado e o presente não podem ser alterados – eles são o que são, então não há razão para desperdiçar energia no desejo de que fossem diferentes.

É isso que o monge Ajahn Sona chama de má esperança. Resistir apenas cria uma agitação mental que turva as águas e obscurece a orientação, que poderia conduzir a meios mais habilidosos para se criar um futuro melhor. Ele explicou:

> Todos os conflitos com a realidade como ela é devem ser superados – ou seja, nossas neuróticas e irracionais objeções às coisas como são. Devemos renunciar aos nossos desejos de que fossem de outro jeito. A aceitação final e a reconciliação com as coisas do jeito que estão é a chave, o sinal de uma visão esclarecida do dharma. Pessoas assim estarão bem, mesmo em meio a tragédias. Nós estamos bem. Isso tem a ver com a vontade pessoal e com a vontade universal. Tem que se alinhar a ela. Tenho certeza de que ninguém discutiria com Deus.

Joan: Observei gracejando: "Então, você não discute com a realidade enquanto os outros não discutem com Deus".

Ajahn Sona transcende a divisão lingüística entre Realidade e Deus ao mostrar a renúncia em termos universais: "Não discutimos com o universo, porque sempre perdemos".

Joan e Gordon: A metafísica Nina Zimbelman extrapola o tema, citando sua experiência transformacional em que se sentira rodeada pela presença do amor: "Para viver em integridade você só tem que fazer um exame. Tem uma só pergunta. Eu até vou lhe dar pista. Para viver em integridade, aceite o que é. Portanto a pergunta é: "Você aceita o que é?"

Nina continua: "Quanto mais você aceita, mais em paz você fica. Se o rio faz uma curva e não a acompanha, acabará em terra firme."

Em certa época de sua vida, Nina viveu no Egito e tinha uma bem sucedida carreira de professora de Metafísica. Lá recebeu uma orientação para se mudar para uma pequena cidade na Carolina do Norte, sem saber muito bem o motivo. Essa monumental mudança assusta qualquer pessoa. Mas Nina a aceitou como um missionário aceita sua nova missão.

"Eu vivia numa vila no Egito e tinha todo o conforto. Então fui para aquele lugar. Por que lá? Descobri que aquele era o lugar ideal pra mim. Precisava aprender a ser ninguém, com um salário miserável, aprendendo a ser comum. Ontem voltei pra casa depois de pintar um prédio, e aqui estava o seu telefonema pedindo uma entrevista, acessando outra dimensão em mim. Uma parte de mim é a pintora de casas, outra parte é a professora de Metafísica. Todas as partes sou eu. Não há diferenças entre elas."

É uma grande mudança você cruzar o planeta, especialmente quando não faz idéia do motivo. Mas o que aconteceria se fosse um erro, e aquela orientação fosse um "telefonema" errado? Nina tem uma crença de que não há "telefonemas" errados. Em seu entendimento, você está tão perto do despertar – quer você o chame de iluminação, realização da vontade de Deus ou o caminho para se tornar um ser humano completo – trabalhando com baixo salário ou sendo rico e famoso. A chave é entregar-se a qualquer condição que se apresente e procurar encontrar a sabedoria nela contida.

A xamã inca Cecilia Montero, outro modelo de renúncia como fé incondicional, nos conta: "Ousei tomar o caminho errado ao longo dos anos. E então fiz disso um exercício da vontade para encontrar a escolha certa dentro do erro".

A habilidade do ser humano em descobrir escolhas que reafirmem a vida, mesmo em situações extremas, é a base da renúncia. A essência das questões *Quem é você?* e *Por que está aqui?* não manifesta seus desejos materiais. Não há fim no desejo e não há permanência nos bens materiais. Num piscar de olhos, tudo isso pode ser retirado de você – saúde, riqueza e até seus entes queridos.

O psiquiatra Viktor Frankl sobreviveu a quatro campos de concentração nazistas. Talvez sua mais famosa citação seja: "Tudo pode ser tirado de um homem, menos uma coisa: a última das liberdades humanas – escolher a atitude em qualquer circunstância."

Ao abandonar nossos estreitos conceitos e escolher a renúncia, tornamo-nos menos preocupados com nossa própria penúria. Isso nos deixa disponíveis para encontrar a realidade e ver onde está aberta, para melhor nos expressarmos e encontrar a melhor interação possível com os outros.

Quando refletimos sobre as atitudes que revelam progresso na jornada espiritual, a empatia e amabilidade com relação aos outros ficam no topo da lista. Já no fim de sua vida, o escritor e filósofo Aldous Huxley dava uma palestra no MIT acompanhado do então jovem Huston Smith, que mais tarde se tornaria o notável escritor sobre religiões. Quando Smith perguntou a Huxley qual seria seu conselho espiritual, o ancião respondeu simplesmente: "Tente ser mais amável". Essa sabedoria está no cerne do perdão, a prática espiritual essencial, que liberta aquele que perdoa.

Perdão: abaixe a faca

Daniel Ladinsky responde a pergunta sobre as práticas espirituais importantes no desenvolvimento da capacidade de ouvir e agir sob orientação espiritual:

> Existe uma história maravilhosa do poeta persa Hafiz que abarca o princípio da espiritualidade e é um simples manual do tipo "faça você mesmo". Certa vez uma jovem perguntou a Hafiz: "Qual é o sinal de que alguém conhece Deus?" Hafiz silenciou, olhou profundamente para os olhos da jovem e disse: "Minha querida, eles apenas deixaram cair a faca, a faca cruel que tantas vezes usam sobre si mesmos e sobre os outros". Sim, nós podemos largar a faca e não mais nos machucarmos nem aos outros, tanto do ponto de vista físico, emocional ou psicológico quanto da espiritualidade, o grau em que estamos despertos para a inteligência e a força, permite-nos ser guiados por todas as forças que nos rodeiam e que, sinto, estão sempre tentando nos ajudar.

Deixar o passado para trás e perdoar-se são coisas fundamentais para a conversão do "falso eu" na verdadeira natureza. Caso contrário, continuamos acumulando carma. O swami Adiswarananda comenta: "O carma não é fatalista, nem pertinente ou obrigatório para o verdadeiro eu. Quando você vê o carma, não consegue saber se é bom ou se é ruim. Ambos os aspectos são caminhos para a libertação. O que faz a diferença entre o santo e o pecador é que o santo enxerga sua própria santidade, ao passo que o pecador se concentra em seus pecados".

O swami considera a culpa um bloqueio espiritual e sugere que se deve ajustar a atitude através do arrependimento – que significa pensar e sentir novamente: "Considere a dor e o sofrimento que aparecem em sua vida como sintomas da negligência de sua alma, como chamadas para renovar e revigorar sua busca espiritual. Você é como uma planta e a água do arrependimento vai ajudar a planta a crescer". O arrependimento não é apenas seu. Repensar o passado envolve pessoas que podem tê-lo magoado. O ideal é que o arrependimento se afaste do ressentimento.

Buda compara o ressentimento a uma brasa que quando você pega para atirar em alguém, quem fica queimado é você. Largar o carvão – ou a faca – não se trata de perdoar o mau comportamento de alguém ou esperar por desculpas. É um desarmamento unilateral. O perdão está relacionado diretamente a você, é um compromisso radical de recuperar sua paz de espírito e estender a empatia e a gentileza aos outros, sem importar o que tenham feito para você.

A Fundação John Templeton apóia a investigação sobre espiritualidade e cura e já financiou dezenas de estudos científicos sobre os efeitos do perdão para a saúde e o bem-estar. O Projeto Perdão de Stanford, apoiado pela fundação, foi dirigido pelo psicólogo Frederic Luskin. Um de seus projetos mais tocantes foi o Stanford–Northern Ireland HOPE Project, no qual dezessete irlandeses do Norte, todos com membros da família assassinados durante os momentos de violência no país, foram levados a Stanford para um treinamento de perdão. Depois de apenas uma semana, os homens e mulheres que perderam pais, filhos, cônjuges ou irmãos relataram uma queda de 35 por cento em dores de cabeça, de estômago e outros sintomas de estresse, e 20 por cento de queda nos sintomas da depressão. Pessoas rancorosas são, via de regra, mais estressadas, deprimidas, narcisistas, irritadiças e paranóicas; menos dispostas a ajudar os outros, e apresentam mais sintomas físicos do que aquelas que "largaram a faca".

O perdão é uma forma potente de renúncia... Acoplado, talvez, à gratidão por tudo que foi aprendido. Como resultado, percebemos que não somos especiais. Todos cometemos erros e sofremos com isso. Todos queremos ser felizes, e a bondade percorre um longo caminho nessa direção, assim também acontece com a prática espiritual universal baseada na atitude de amar a verdade.

Amando a verdade

"A orientação se relaciona ao desenvolvimento do tipo certo de atitude", Hameed Ali explica. "O indivíduo deve estar aberto à verdade, seja ela qual for e independentemente das suas conseqüências. Essa abertura implica no "não-saber" – reconhecendo a importância de não saber qual é a situação e o que virá a acontecer."

Todos já tivemos momentos de questionamento e de amor pela verdade, sem chamá-la dessa forma. Se seu rival no trabalho caísse na rua em frente a seu prédio, você instintivamente pularia para ajudá-lo e por pouco os dois não seriam atropelados. Mais tarde no café, vocês conversariam com uma intimidade que não seria possível antes. Enquanto descreve sua experiência de quase ter sido morto, você está em contato com seu corpo, em tempo real, relatando o que realmente está sentindo. O campo energético entre seu antigo inimigo e você transforma-se notavelmente: ficou íntimo e claro, a antiga hostilidade se foi e é como se estivessem se encontrando pela primeira vez.

Enquanto Hameed Ali se concentra nas perguntas pessoais ou interpessoais como um caminho para a verdade, os quakers fazem isso como um grupo. A verdade é um princípio sagrado para eles e sua prática inspira todos os aspectos de sua vida. Deanne Butterfield nos conta o seguinte:

> Ensinamos nossos filhos que a noção de honestidade é um dos mais elevados valores. Em nossa cultura ocidental, isso não é geralmente verdade. Nós não fazemos apenas porque é uma das seis prioridades, mas por conta da fragilidade de nossa capacidade em reconhecer a verdade. Não desejamos pôr em perigo nossa relação com a verdade ao violá-la de pequenas maneiras porque precisamos dela para coisas maiores. O que os quaker aprenderam é que a verdade deve ser usada com humildade. Assim, ela não será humilhante ou coercitiva para outras pessoas. A verdade dita sem humilhação é poderosa. Algumas

vezes os não-quakers ficam chocados com nossa forma de dizer as coisas diretamente. Nós praticamos isso em todos os aspectos de nossa vida porque agir com a verdade é muito importante.

"Somos chamados a viver de forma ética", Mary Hey prossegue os comentários de Deanne. "A paz, a simplicidade, a integridade, a igualdade, e a comunidade são os princípios orientadores, e são quase invisíveis. Pode verificar que os termos veracidade e autenticidade são mencionados várias vezes. No século XXI, significa que suas palavras correspondem à sua vida –em direção à sua luz. Portanto, temos questionamentos feitos com regularidade durante nossos encontros e que nos levam a refletir se vivemos de acordo com esses princípios. Não existe nenhuma organização quaker que vá lhe dizer o que fazer. A reunião mensal é nossa base, e cada reunião tem suas próprias consultas."

Exemplos de reflexão e investigação podem dizer respeito a cultos realizados na expectativa de orientação divina, ou se as pessoas estão incentivadas a partilhar seus conhecimentos espirituais, ou se o indivíduo chega a uma reunião com coração e mente preparados. As consultas são exemplo de como os quaker usam a prática como amor à verdade. Como é uma prática tanto individual quanto coletiva, o método reflexivo se estende para todos os demais relacionamentos.

Continua Deanne Butterfield:

> Se Mary e eu não conseguimos ver da mesma forma, em vez de tentarmos dizer uma a outra o que fazer, a tradição diz que precisamos investigar de perto para que possamos nos entender: "Mary – me explique melhor isto". Essa é uma forma de melhorar nossa compreensão.
>
> Temos também um processo chamado comitê de clareza, convocado para ajudar uma pessoa. Antes de um casamento, por exemplo, ou em outras ocasiões de transição importantes na vida. Mas mesmo que alguém procure o comitê para uma resposta sobre "Deveria me divorciar?", o comitê nunca dá conselhos. A clareza deve ser sua. O

comitê só faz perguntas. É um exercício de fazer perguntas para si mesmo. Informando suas descobertas para a toda a comunidade, que terá a oportunidade de fazer novos questionamentos. O comitê é um espelho, e todos esperamos um espelho limpo.

Todas as práticas aqui discutidas – rezar por ajuda, quietude, gratidão, renúncia, perdão e o amor pela verdade – são facetas de uma única jóia: a humildade. É essa atitude básica do "não-saber", mas estar disponível para o que é mostrado, que permite deixar o ego de lado para emergir a verdadeira natureza. A vontade de deixar de lado o conhecimento é o óleo da lamparina do despertar... Nossa disponibilidade para o inesperado momento em que o noivo divino aparecerá. O despertar pode acontecer a qualquer hora. Por que não agora?

Capítulo 10

DOMINANDO O EGO,
O GRANDE BLOQUEIO CONTRA SEU NORTE

Perguntado sobre o que bloqueia a orientação espiritual, o rabino Zalman respondeu como sempre com uma história A origem de nossa mais básica introjeção é a crença que importamos de nossa família e cultura, as lentes invisíveis com que vemos o mundo. Em outras palavras, aquilo em que acreditamos já conhecemos, mas o que fomos ensinados é precisamente o que nos mantêm na ignorância. Assim narra o rabino:

> Todas as mães fazem isso com seus filhos. A criança diz: "Não gosto do tio, ele cheira mal". E a mãe diz, "Ele ama você. Você está errado, ele não é assim". Fala para a criança sobre seu próprio detector de merda. É o que acontece conosco quando somos afetados por criações introjetadas. Nosso detector de merda está quebrado. Portanto não podemos ouvir a orientação. A melhor maneira de resolver é usando o trabalho interno de nossa moral doméstica. Para cuidar de seu próprio comportamento, faça um exame de consciência noturno e descubra como fazer as coisas de um jeito melhor e como trabalhar com pessoas que possam lhe dar retorno. Sem retorno, você estará perdido.

Entre o ano novo judaico (Rosh Hashanah) e o dia do perdão (Yom Kippur), tem dez dias de penitência. É tempo de introspecção para examinar a consciência e ultrapassar alguns blocos que o separam do verdadeiro conhecimento. Todos os anos, antes desse período, o rabino Zalman pede que alguns amigos apontem o que está obstruindo seu caminho, de modo que ele não esteja vendo.

Outras tradições se empenham em remover as fontes de desvio magnético. Os budistas focalizam os "três venenos": a ignorância, o desejo e a raiva. A ignorância é básica na maioria das tradições. Se você não sabe que vive em uma realidade espiritual plena de significado e que há um modo de despertar, está perdido. Passa a acreditar que seu ego é a resposta para a pergunta: "quem sou eu?" Como o ego mantém a identidade através da desagregação da realidade que anseia ou rejeita, os venenos impulsionam a roda da ilusão.

Os hindus, por sua vez, enumeram cinco Kleshas – ou obstáculos – à jornada espiritual, acrescentando o orgulho e o medo, à lista de venenos. Adicionando gula e preguiça a estas distorções, os católicos contabilizam sete pecados capitais. São todos facetas do ego, o "eu dividido" que acredita ser o "doador", o derradeiro formador de sua vida, em vez de parceiro na viagem.

Como diz Shapiro, "Há apenas um bloqueio para a orientação: eu. Se fico no caminho e tento ouvir o que "eu" prefiro, é meu ego entrando no processo, há bloqueio. O medo, a ansiedade e a falta de auto-estima são subprodutos do ego."

Os psicólogos dizem que o ego é uma identidade central, uma espécie de *quem sou eu?* que precisa estar forte e coerente, sob pena de se decompor durante um estresse, por exemplo, deixando um buraco negro de vazio e desespero. A palavra ego vem do latim e significa "eu sou". É um centro necessário, demonstra a saudável habilidade de pensar e agir de forma autônoma. Mas, na linguagem espiritual, o ego está ligado a outro critério: o "doador" orgulhoso que quer controlar o universo em vez de aproveitar o sopro da sabedoria e da orientação. Esse sentido menor do eu, que vive separado do conjunto maior, está intrinsecamente ligado em satisfazer seus desejos e evitar ameaças para se manter em segurança. Neste capítulo, vamos analisar como o ego nos separa de nossa orientação e como, quando se afasta, a inteligência se expressa através de nós.

Domesticando o nosso medo

"A atenção é o primeiro trabalho preparatório para sermos guiados", disse a reverenda Cynthia Bourgeault. "No caminho, o que bloqueia o movimento integral de ação e reconhecimento é o medo. Precisamos domesticar constante e gentilmente os nossos medos."

O medo que move as pessoas é duplo: medo de não conseguir o que queremos, e medo de conseguir o que não queremos. O medo leva a ensinamentos desagradáveis muito além das circunstâncias: e se o livro não vender bem? E se ninguém ler? O medo não considera a possibilidade de que este livro pode ser uma autêntica expressão da orientação, e que, independente de seu sucesso ou fracasso, é nosso dharma – o lugar para onde a jornada espiritual interna e o propósito convergiram.

Em vez de esperar pacificamente o desdobramento dos fatos, o medo nos faz correr exasperados e nos prende no próprio "filme de terror" que criamos. Nada do que estamos imaginando está, de fato, acontecendo, mas nosso corpo e mente reagem como se estivesse. Pior, o medo bloqueia ações mais hábeis. Por um lado, leva a ações precipitadas e por outro lado, paralisa.

É a reverenda Bourgeault quem comenta: "A ameaça mais profunda ao caminho espiritual é aquele senso de urgência 'tenho que' ou 'preciso de'. Quando essa urgência penetra sua vida, todo o resto fica distorcido. Não terá mais como reconhecer suas necessidades."

"Tem que esperar o instinto passar", acrescenta Patricia Loring. "E tem que esperar passar o ímpeto de controle. A má palavra aqui é pressa; nada é feito de forma apressada, existe uma chance para que a emoção e motivação geradas pelo instinto se dissipem. A clareza emerge depois disso. O tempo amadurece e refina o que é puro, eliminando todas as impurezas que, inevitavelmente, estão lá, culturais ou instintivas, ou o que for."

A espera paciente no momento presente, no lugar de encasquetar com o futuro, ajuda a domesticar o medo. Isso requer humildade. A humildade – antídoto do medo – é a admissão de que não sabemos o que acontecerá ou qual direção devemos tomar, e que estamos abertos para seguir a orientação. Requer vontade de viver no desconhecido, o que amedronta o ego, mesmo se empenhados numa jornada espiritual.

Ajahn Sona concorda que o bloqueio mais comum é o puro medo do desconhecido. "Assim tendemos a continuar em maus relacionamentos ou em empregos ruins. Você continua recebendo conselhos de seu mestre para mergulhar no desconhecido. E como a ignorância se apresenta? Como conhecimento. Ela parece ser o 'conhecido'. Mas o conhecimento real aparece como algo 'desconhecido'. É esse o paradoxo. A profunda ignorância é mais difícil de remover." Raiva e ganância são visíveis, mas a ignorância está escondida.

Ouvir a irmã Rose Mary Dougherty falar em domesticar o medo do desconhecido também foi útil. Para a maioria de nós, o sentimento de medo originado do ego não desiste. Trabalhá-lo é um desafio permanente, parte da jornada: "O medo é também um entrave no caminho da realização de ações orientadas. É cristalino, e ainda há esse medo terrível de, não quero dizer, exatamente, de não ser bem sucedido, mas de sair das profundezas, de deixar o desconhecido, aquele tipo de paralisia momentânea que me impede de por em prática as orientações".

Irmã Rose Mary continua de forma paciente. "Outra coisa que entrava meu caminho é que posso ver de forma muito clara, mas passo a correr para o futuro com ela. O que imagino ser totalmente alheio ao que vejo agora, mas contribui para o medo. Se eu conseguir dar o primeiro passo, talvez lá [no futuro imaginado] seja onde estarei. Será um julgamento se eu der minha própria interpretação a estas coisas."

Quando pedimos um exemplo de como domesticar o medo do desconhecido para a irmã Dougherty, ela nos contou uma história de sincronicidade, onde as associações se deram de modo imprevisto. O leque de possibilidades de qualquer situação é muito maior do que qualquer previsão de nosso pequeno "eu egóico":

Estava em um retiro zen e meu trabalho era atender uma pessoa que seria professor. No andar do retiro, perguntei se queria uma massagem nos pés e ela consentiu. Bem, depois que perguntei, pensei comigo: "Por que, em nome de Deus, fiz isso? Nunca havia feito massagem antes". Pois bem, foi o que me levou a estudar a reflexologia dos pés, e que me trouxe ao lugar onde estou hoje. O diretor achou que eu queria trabalhar lá, e estava apenas tentando conseguir informações sobre como conseguir um certificado para praticar reflexologia.

Às vezes eu digo "Tudo bem, estou fazendo massagem nos pés – deve ter algum significado". E fico tentando adivinhar qual será o próximo passo. Se tivesse previsto qualquer dessas etapas, provavelmente não teria feito, teria cancelado tudo. Quando se começa a impor o nosso próprio sentido sobre o que virá antes de realmente Saber, começamos a viver em um cenário irreal. E é claro que não queremos ir até lá.

Domesticar nosso medo e aprender a viver no presente requer humildade para deixar de lado as fantasias sobre o futuro, e coragem de abandonar o passado. O que significa que devemos desistir de uma de nossas mais queridas possessões de ego – a história de quem ele pensa que é.

Minha história, ampliada

O orgulho é um dos sete pecados capitais. Uma possível definição seria como se tratasse de uma adicção em nossa história, o que acreditamos saber sobre nós mesmos: "Sou cristão, sou judeu, fui uma criança abusada, não tenho sorte no amor, sou vencedor..." O eu é tão central quanto o orgulho.

A reverenda Bourgeault relembra um intenso trabalho espiritual na tentativa de realizar a obra de George Gurdjieff, um renomado místico greco-armênio, professor e mestre de uma dança sagrada. Embora Gurdjieff tenha morrido em 1949, suas técnicas de despertar para o sagrado e se movimentar fora dos padrões condicionados do ego ainda são amplamente usadas. De acordo com a reverenda:

Era a primeira vez que faria o trabalho. Éramos cerca de cem pessoas num pequeno espaço e eu era encarregada da cozinha. A pressão implacável seria executar três refeições ao dia para cem pessoas.

Durante três dias me senti miserável. No quarto dia fui informada que iria para o grupo de música. Foi uma boa notícia, finalmente tinham percebido meu verdadeiro talento. Então no último dia, quando me preparava para a apresentação final, alguém me disse que eu teria de voltar para a cozinha. Me deram uma grande tigela de feijões para limpar; e eu chorava enquanto o som doo grupo flutuava por cima do balcão. Foi quando a líder da equipe me disse: "Pode usar este momento para enxergar alguma coisa ou pode desperdiçá-lo em auto-piedade".

Bingo!, era o alerta que mudaria toda minha vida. Percebi que o que acontecia no grupo musical apenas afirmava e reafirmava meus talentos anteriores, e passei a compreender que a autopiedade se instalara no lugar de meu ego desalojado. A cozinha era o lugar exato para realizar o que eu desejava – um aumento de consciência. O trabalho espiritual disciplinado pega diretamente na jugular de nosso condicionamento. Experiências como essas foram libertando minha consciência da escravidão absoluta do condicionamento do ego.

Prossegue a reverenda:

A grandiloqüência do ego é uma inevitável curva de aprendizado. Porque, quando entramos na jornada, o "eu egóico" é o único eu que conhecemos. Mas, se não nos desapegamos, a jornada estará obscurecida. Para mim, Deus está sempre presente, e somos nós que estamos ausentes. Em geral, a razão dessa ausência é o apego ao ego.

Quando mergulhamos nas profundezas de nós mesmos, a orientação apenas se une à trilha de nossa história de vida, como se realmente estivesse sendo vivida. Não se pode se separar dela. A maior dificuldade é desligar o ruído de sua história – a crença de que você é o seu "eu egóico".

Gostaria de citar uma professora, uma das mais brilhantes "médicas da alma" do século XX, Beatrice Bruteau, simultaneamente uma vedanta e uma cristã contemplativa. Ela escreveu um artigo chamado "Oração e Identidade", que me deixou estimulada. Sua idéia de que somos aquele quando digo "eu", não fica em um lugar fixo, mas se desloca ao longo de um espectro vinculado e neurótico até estados mais amplos e dissociados. Onde estamos em cada momento determina como vemos Deus e o que refletimos sobre Ele.

Isso é espantosamente libertador, nosso senso de individualidade de se deslocar ao longo de uma escala. Normalmente falo sobre mim mesmo e vivo no mais alto nível egóico. Tenho um sentido do "eu pessoal", e minha vida tem uma história ligada a ele. Mas, na verdade, o centro da individualidade precisa ser considerado de forma mais impessoal. O ego precisa estar mais no lugar "Eu Sou".

Segue a explicação da reverenda Cynthia:

Se conseguir alcançar o centro de sua individualidade, aquele profundo sentimento de onde está e de onde fala, vai mudar para o lugar do "eu sou", então não precisa esquecer o "eu – pessoal" – e ele se tornará o violino para tocar a música de Deus. Transforma-se em algo belo e útil: algo como viver a individualidade sabiamente, para a glória de Deus, sem ficar preso a validação do ego – porque nós já somos glória e brilho, e jorra através de nossa finitude. Não somos nós, é a fonte.

Um importante crescimento dos limites da metafísica cristã do século XXI. Relutamos em perder o egóico porque confundimos o egóico com nosso eu-pessoal, e a religião é pessoal. São dois níveis co-existentes e se integram lindamente, mas devemos repatriar nossos dons místicos (trazendo das margens para o centro de nossa consciência), com o cristianismo apontando o caminho de nosso verdadeiro eu.

Assim como os egos humanos, as instituições refletem essa humanidade. Quer sejam cívicas, religiosas ou políticas, as instituições evoluem quando partem de uma identidade limitada a caminho de um estado de maior liberdade. Tal como nosso centro pessoal de gravidade desliza de camadas mais baixas do medo egóico para mais altos níveis egóicos de identidade, e em última instância para o lugar "eu sou"de nossa verdadeira natureza –assim também nos tornamos mais sensatos. É esperançoso pensar que nossas instituições poderiam desenvolver a mesma trajetória.

Nas palavras do professor Wilkie Au:

> Em nossas principais igrejas cristãs tem havido um atraso no desenvolvimento espiritual. Permanecem com um aprendizado institucional dirigido por autoridades enquanto os valores mudaram. Mas, parte da dimensão dessa sombra de nossa liderança institucional é que nunca pretenderam o desenvolvimento de pessoas autônomas e funcionais, dirigidas por seu próprio "eu" interior.
>
> A autoridade interior é a sabedoria de nossa própria reflexão e experiência pessoal. Tento validar como fonte de orientação divina para que as pessoas equilibrem o olhar ao investigar-se interna e profundamente, encontrando um equilíbrio mais profundo, sem abandonar suas próprias experiências – sua Bússola Interior.
>
> O erudito Marcus Borg compara o paradigma histórico ao paradigma emergente – são duas tradições baseadas em interpretação de autoridades bíblicas. O antigo, mais preocupado com fatos, e o novo paradigma mais preocupado com o significado – mais metafórico. O antigo se preocupa com: "aconteceu?", enquanto o emergente, com o sentido "como contribui para a vida humana?"

As formas de contribuição da orientação espiritual à vida humana são ilimitadas. Mas, entrar nessa área de possibilidades várias, exige vigilância e curiosidade – amar a verdade em vez de ser escravo de identidades, crenças e opiniões. A curiosidade é essencial para levantar o véu da ignorância, do medo e do apego , fatores que obscurecem a orientação.

A curiosidade levanta o véu que nos separa da percepção direta das possibilidades e é, portanto, uma busca pessoal. Precisamos questionar constantemente e com interesse verdadeiro: onde o orgulho egóico e o apego estão me atrapalhando? A reverenda Cynthia nos dá um método valioso: se substituirmos apenas uma carta no drama pessoal do ego – Minha História – estaremos aptos a experimentar o mistério. E o mistério, a disciplina de saber que não podemos conhecer toda a história, deixando de lado a vontade de protagonizar, escrever e dirigir nossa história, é quem supera todos os bloqueios da orientação.

Da próxima vez que se sentir capturado pelo medo, raiva ou imobilizado pela preguiça, tente prestar atenção à história que está contando para si mesmo. É uma história de orgulho? Como seria se alargasse os horizontes e mergulhasse no mistério?

Talvez sua história seja de uma identidade vinculada a ser líder, empresário, professor, um homem ou uma mulher. Como seria se desafiasse essa história? Como seria se parasse para respirar, a libertasse perguntando: Qual a verdade neste momento? É claro que a resposta não viria da sua mente. Está em seu corpo, na vontade de partir o aparente conhecimento e se conectar ao emergente espírito de orientação intimamente, no aqui e no agora.

Quando conseguimos, nosso ser forma uma ligação poderosa entre o conhecimento e a ação assertiva que se manifestam no mundo... Como apreciará nos seguintes capítulos:

1. A contemplação (com a presença "eu sou") flui suave e continuamente.

2. O divino DNA, semente da evolução humana que germina de forma ilimitada, para além de nosso entendimento.

3. A liderança e a orientação, que se fundem e nos levam em direção a uma cultura – uma civilização com coração e alma.

Capítulo 11

REVELANDO O CORAÇÃO DO ESPÍRITO

"Contemplação", reflete o poeta Daniel Ladinsky. "Me pergunto se realmente sabem qual a definição dessa palavra."

Se procurar no dicionário, verá que a definição mais comum é "pensar em algo profundamente", e a menos comum, "a concentração do espírito nas coisas divinas" – uma espécie de oração ou meditação que facilita a experiência direta com a luz interior. É essa definição que tinha em mente quando perguntei aos nossos gurus: "Como vê a relação entre contemplação e ação?"

A história do pregador quaker John Woolman, do século XVIII, serve de introdução para a compreensão da ação assertiva ser decorrente da conexão com a luz interior. Aos 20 anos, Woolman se tornara uma voz forte contra a escravidão. Mas, a firmeza de seus últimos anos surgiu de uma dolorosa experiência da juventude.

Em seu diário, conta a história de quando, ainda garoto, estava a caminho da casa de um vizinho. Avistou um tordo em seu ninho e, sem pensar, atirou uma pedra na ave, que caiu morta. Passados poucos minutos, se viu em absoluto terror por ter matado uma inocente criatura que cuidava de seus filhotes. Como narra Woolman, pegou então seu corpo morto nas mãos e, pensando nas pequenas criaturas que morreriam na ausência da mãe, escalou a árvore, pegou os pequenos filhotes um a um e matou todos, imaginando ser melhor assim do que deixá-los morrer de inanição.[1]

Essa terrível experiência ajudou a internalizar seus ensinamentos sobre amor e reverência pela vida. Suas crenças interiores e capacidade de agir em fluxo contínuo tornaram-se provas visíveis de sua integridade. Integridade, aliás, palavra de origem latina, que significa "plenitude", é o que existe de mais inspirador na vida de Woolman. A realização interna, as ações externas, são faces complementares de um único e unificado momento do espírito. A orientação espiritual é um movimento do espírito que flui naturalmente da contemplação para a ação, sendo que nenhuma é verdadeiramente real até que encontre a outra.

Fazendo o que não se pode deixar de fazer

É Mary Hey quem comenta: "Se sentar na expectativa da espera, o caminho se abrirá. A abertura, em geral, não se relaciona com fazer; e sim com o que surge, a partir do silêncio. A única coisa que pode te atrapalhar é você mesmo. O espírito Santo intervém de algum modo e te aponta a direção."

Um de nossos mais caros heróis é John Woolman. Ele sabia ler e escrever e um dia foi obrigado a escrever um anúncio sobre venda de escravos, que o deixou mal. A partir daí, passou a acreditar na escravidão como um terrível erro, crença da qual não conseguiria mais se livrar.

Naquele tempo, muitos quakers possuíam escravos, o que ocasionava a crescente infelicidade de Woolman. Ele sentiu que sua obrigação era falar disso, ia de reunião em reunião registrando seu protesto, recusando, gentilmente, ser servido por escravos. Woolman costumava usar roupas brancas porque as tinturas eram produzidas por escravos. Sem humilhar ou coagir quem quer que fosse, apenas se vestia de branco e perguntava sobre a escravidão. Tal comportamento, obviamente, não era bem acolhido na sua própria assembléia, mas sua orientação era tão poderosa que simplesmente tomou conta de sua vida.

Adoramos o episódio em que se recusa a preparar o testamento de um idoso porque envolvia a transferência de escravos como propriedade. Algum tempo passou, e o homem procurou Woolman novamente, dessa vez dizendo que os escravos seriam libertos após sua morte. Mais tarde, as Assembléias se mudaram para o Norte e aboliram a escravidão. A verdade era tão evidente...

Woolman trabalhava com a tradição dos quakers, cuja prática de seguir a orientação fluía constantemente – começa no silêncio, prossegue na espera, discerne-se a orientação e culmina com o testemunho das realizações inspiradas por ela. Essa progressão completa, da contemplação à ação, é o que os quakers reconhecem como orientação espiritual.

A face dinâmica da espiritualidade

A espiritualidade é muitas vezes entendida como forma passiva de atuação: olhar seu próprio umbigo evitando contato com o mundo exterior. O swami Adiswarananda desmascara essa esparrela, descrevendo o fluxo contínuo da verdade interior até as ações exteriores, como sendo o movimento natural da orientação espiritual. Em suas palavras:

> O carma-ioga não faz distinção entre meditação e ação... A autorealização não é um estado de inércia, mas sim o florescimento da espiritualidade de forma dinâmica. Não se trata de observar passivamente a manifestação de seu próprio eu em outros seres e coisas. Quem consegue se enxergar em todas as coisas e ver todas as coisas em si mesmo sente alegria e sofrimento. Ver Deus dentro de si e servir a todos como Suas várias transfigurações, são dois aspectos da mesma experiência.[2]

O rabino Rami Shapiro explica que "contemplação e ação são duas faces da mesma moeda":

> Uma profunda experiência sensitiva o leva a engajar-se no mundo; a contemplação conduz à ação. Mas a prática contemplativa que nos remove do mundo está ainda pela metade. Quanto mais introspectiva for a prática contemplativa, mais extrovertida será a ação, e mais construtivo serei. Acho que, quando enraiza suas ações na contemplação, há muito pouco a fazer. Confundimos com freqüência estar ocupado com eficiência, por isso costumamos ficar esgotados.

Oriah, A Sonhadora das Montanhas, compartilha visão semelhante. Em Nova York, após o 11 de Setembro, muitas pessoas lhe perguntaram o que fazer. Eis sua resposta:

> Dizia que, se ficássemos em silêncio com relação tanto aos fatos quanto ao que se passava dentro de nós naquele momento, a ação correta poderia emergir. As pessoas ansiavam por respostas. Mas se não tiver prática, será difícil acessar o estado de plena atenção para estar presente, quando precisar.

O primeiro passo para a ação tem que ser uma profunda contemplação em silêncio – ouvir o que está acontecendo no momento e prestar atenção àquilo que se mexe dentro de nós. Tenho uma enorme fé de que a ação correta pode fluir deste lugar em todo mundo. Penso nos ativistas sociais, com a melhor das intenções, mas sem capacidade de se sentar em silêncio compartilhado. Muitas vezes acabam fazendo "o bem de modo mal feito", como diz o escritor Wayne Muller.

O xeque Kabir Helminski comenta: "Ficar em contemplação não é um retrocesso da vida. Pode perceber que, indo para o centro, ganha capacidade de sair de modo mais apropriado, criativo e dinâmico. Agir externamente, sem contrapartida interna, é ir para o mundo exterior de forma caótica e desordenada."

"A contemplação e a ação são a mesma coisa, na realidade", contrabalança a reverenda Cynthia Bourgeault. "Quando alguém medita profundamente, a contemplação diminui a distância entre oração e vida, porque sua ação é sempre a resposta imediata e integral do que está em seu coração".

"Eu vejo [o fluxo de contemplação em ação] como um círculo ou como o símbolo do infinito", disse Susan Baggett, do Center for Purposeful Living. "Contemplamos um princípio espiritual, e parte dessa contemplação é como colocar em ação. Então, contemplamos a ação – o resultado – daquilo que aprendemos. Se torna um círculo em contínua expansão, de contemplação, ação, contemplação e ação. Isso é a espiritualidade na prática, para nós."

"Contemplação e ação vêm de cada um como a figura do oito, o símbolo do infinito", arremata a reverenda Suzanne Fageol, seguindo o raciocínio:

"Cria um ritmo natural, como a respiração: contemplar é inspirar; agir é expirar. Cada movimento transforma o outro. É como na dança – ritmo sem monotonia – onde cada qual, contemplação e ação, mudam um ao outro."

Joan: Eu acrescentaria: "É como a diferença entre uma dança mecânica e outra que está viva – como fazer amor".

Contemplação e conversão da consciência

Joan e Gordon: Nossa amiga Robin Casarjian criou uma fundação para libertar prisioneiros do confinamento de seu próprio ódio. Seu bem-sucedido programa antes ensina o prisioneiro a estender o perdão e compaixão a si mesmo. Através de meditação e trabalhos em grupo, começam a obter uma nova compreensão sobre quem são na essência. Só com a mudança de percepção da identidade interior – a conexão contemplativa com o eu interno – tem trazido mudanças exteriores fundamentais.

A irmã Dougherty também compreende a contemplação como conversão da experiência do eu – uma mudança profunda do "falso eu" para a "verdadeira natureza". Ela prefere assim:

> Voltando a falar das práticas de busca pela orientação espiritual, acredito nos ensinamentos de Lao-tsé: "Procure em seu coração e veja... que a forma de fazê-lo é ser". Em última instância, quando realmente chegamos àquele lugar onde vivemos plenamente quem somos, a ação correta flui e não reconhecemos mais a separação. O ser se torna ação, e a ação se torna o ser.
>
> A verdade é que existem coisas que nos mantêm longe de viver naquele profundo estado no qual podemos "ser", que é a contemplação. Esqueci o nome de quem disse: "Jesus estava muito mais interessado na conversão de uma consciência do que em importar informações de mentes iludidas".

A integração do corpo, coração e mente descrita no fluxo espontâneo da contemplação para a ação é a experiência subjetiva da plenitude. O resultado externo – um mundo mais harmonioso – é a plenitude objetiva. A plenitude integral das realidades internas e externas – nossas e do mundo – é o potencial inato da criação, a base da fé.

"A fé está sempre viva e equilibrada pela ação e trabalho", disse xeque Helminski. "Temos uma palavra em árabe, *salahaddi* – aquele que mantém a fé e realiza as ações de reconciliação." Está relacionado ao conceito judaico de *tikkun olam* – curar o mundo.

"Contemplar é agir", sintetiza Daniel Ladinsky, "embora possa ser um movimento interno do pensamento, da vontade ou dos sentimentos. Acredito que tudo o que sempre fazemos é agir, embora possamos um dia tornar nossas ações mais inteligentes e menos dolorosas, para finalmente encontrar um sentimento maior de bem-estar, de paz mais duradoura e momentos mais repletos de felicidade."

Neutralizando o carma através de ações desprendidas

O swami Adiswarananda compreende o carma como a perda da liberdade interior quando os motivos de nossas ações são egoístas. "Cada uma dessas ações forja uma cadeia de sujeição – do corpo em forma de adicções, da mente na forma de dependência e desapontamentos, e da alma na forma de cegueira espiritual."

"Todas as enfermidades têm suas raízes na perda de contato com a realidade original. E o tratamento para isso é demolir as paredes do carma passado com ações não-egoístas."

As ações desprendidas podem parecer um remédio ruim para nosso ego amedrontado, apenas até entendermos que agem com base na plenitude, o fundamento da sabedoria e compaixão. As dificuldades de percepção são tantas que oferecem uma visão estreita da realidade, fazendo acreditar que estamos cegos e menos eficazes do que poderíamos acreditar.

O falecido monge trapista Thomas Merton descrevera esse processo assim:

Você está provavelmente se esforçando para construir uma identidade dentro de seu trabalho e fora do seu trabalho... E percebe que talvez não seja o melhor uso para o seu trabalho. Tudo o que você fizer de bom não virá de você mesmo, mas do fato de que se permitiu ser usado pelo amor de Deus. Pense nisso, e com o tempo estará livre de provar algo a si mesmo, e mais aberto ao poder que emanará de você sem seu conhecimento.[3]

O uso correto da vontade

Quando você transforma o motivo das ações do egoísmo para servir aos outros, significa que está usando seu livre arbítrio para o benefício de algo maior – abrindo seu coração para a ação do espírito. Esse uso do livre arbítrio cria aquele desempenho eficaz e natural que o swami Adiswarananda considera evidência de que se vive o dharma, o caminho da ação que leva simultaneamente à ação da iluminação interior.

O professor espiritual Hameed Ali descreve a capacidade de manter-se em contato com a luz interior e expressá-la externamente como "a vontade a serviço da verdade". Somos todos seres humanos e sujeitos a inúmeras influências e identificações erradas, mas é possível aprender que, através das dificuldades geradas pela tentativa e erro, não será possível continuar a vivenciar o eu se permanecermos na individualidade do ego. As ações, comportamentos e estilo de vida – todos manifestações da vontade – devem estar em harmonia com a verdade do ser.[4]

Viva a luz em sua plenitude e não simplesmente uma meia luz de abajur.[5] E isso significa não apenas amar a verdade, mas estar disposto a vivê-la.

Gordon: O falecido escritor e filósofo Arthur Koestler tratou desse assunto através da identificação de dois vetores de aprendizagem que se movem em direções opostas. O primeiro vetor seria "reduzir o mistério ao método." Quando, por exemplo, estamos aprendendo, dirigir ainda é um mistério, mas quando adquirimos a habilidade, não pensamos mais neste ato como um mistério. Dirigir tornou-se automático e, portanto, quase inconsciente. Nossa mente pode dirigir o carro numa avenida lotada enquanto estamos planejando o jantar.

Mas, por vezes, o padrão é perturbado. Alguém passa na frente do carro e subitamente nossa atenção é exigida. Essa sobreposição da mente inconsciente pela consciente – o que restaura a chance de escolha sobre o que fazer a seguir – é aquilo que Koestler chama "o vetor oposto de aprendizado": a recuperação da atenção. Essa recuperação traz de volta o que Cecilia Montero denomina "o domínio das possibilidades".

Os dois vetores são úteis. Nós não queremos estar toda hora reaprendendo a dirigir nem desejamos abrir mão dessa habilidade. Quando a situação está mudando, devemos responder nos alinhando para escolher uma nova direção.

Joan e Gordon: Mas será que precisamos esperar que alguém pule em nossa frente ou que qualquer padrão habitual seja perturbado por forças externas? Nossas conversas com os gurus sugerem que a liberdade pode ser valorizada se participarmos de bom grado como indivíduos únicos, daquele grande movimento do fluxo da vida, que chamamos de orientação espiritual. A vontade da ação não egoísta não é uma negação, mas uma afirmação do desejo de servir a um bem maior, e é intensamente libertadora.

Desejando o bem

Quantas vezes você já ouviu más notícias e sentiu-se impotente perante elas? Quanto às guerras e genocídios, por exemplo, o que se pode fazer para ajudar?

Esse pensamento de que não faremos muita diferença porque estamos sós, pode minar a vontade de fazer deste mundo um lugar melhor. Mas nem sempre é preciso mudar uma situação; às vezes, tudo o que é possível é prestar testemunho confiando que o ato de nossa presença compassiva pode ajudar a mudar o mundo. Através desse testemunho, nossa contemplação se torna a ação.

Já vimos inúmeras vezes pessoas segurando placas pedindo por paz. Estão quietos e tranqüilos, sem falar ou se aproximar de ninguém. Mas nunca tínhamos parado para pensar o que realmente estavam fazendo. Mary Hey nos conta:

> Deparamos com uma placa que diz que a guerra está errada. Acreditamos nos meios não violentos de lidar com conflitos. Acreditamos ser possível viver uma vida que não permita guerras. Acreditamos que o amor é a força mais poderosa da Terra. Pode soar como doutrina, mas não é. Mas, ainda assim, não nos aproximamos de ninguém. As pessoas que decidam vir a nós para pegar os cartões. Estamos em vigília.
>
> A palavra vigília é um termo religioso que significa "observar". Quando damos um cartão, recebemos uma espantosa variedade de respostas. Ficamos silenciosos e as pessoas se projetam em nós. Somos a essência da não-agressão. As pessoas podem ou não pegar o cartão. Mas a não-violência não é apenas a ausência de agressão, é a presença do amor, é estar totalmente vulnerável...
>
> Uma pessoa veio amim e disse: "Você não chegará a lugar nenhum fazendo isso". Mas não estamos tentando chegar a algum lugar. A maioria das pessoas que não dizem nada está dizendo "obrigada", ou "vamos dançar" ou dizem para "você sorrir mais". Porque se somos chamados a falar com alguém, saímos da vigília. Para nós, isso é testemunhar.

Testemunhar, conforme aprendemos com Mary, é uma forma de ação. Ela e sua colega quaker tentam estar tão verdadeiramente presentes quanto possível, centradas em suas luzes interiores, testemunhando pela possibilidade de um mundo melhor. "Nós quakers às vezes somos chamados de místicos práticos. Eu já tive experiências nas vigílias em que o mundo derretia, mas testemunhas é o que somos, sem tentar fazer que alguém vote de modo diferente ou tente fazer o que seja."

Quando o professor Jacob Needleman pediu a seus grupos de filosofia que fizessem uma lista de virtudes de um ser moral ou psicologicamente desenvolvido, ficou surpreso ao ver que nenhum deles mencionou a palavra "vontade". O professor acredita que nossa história de guerra e violência pode ser atribuída à incapacidade geral de buscar a vontade do bem comum.

Needleman faz um eloqüente discurso dizendo que foi justamente esta vontade que motivou os fundadores da democracia americana – Washington, Franklin e Jefferson. Sua opinião esclarecida de patriotismo "significava servir a Deus através do amor pela humanidade".[6] Todos e muitos de seus contemporâneos tinham concebido rigorosos programas de auto-aperfeiçoamento moral contra os quais mediam suas ações diárias através de auto-reflexão e retrospecção.

George Washington renunciou à presidência no auge do poder e voltou para casa. Era um homem que tinha lutado para se aperfeiçoar e foi, talvez, o maior exemplo de vontade iluminada. "As mais influentes ações do mais influente homem na história dos Estados Unidos são movimentos de recuo e de renúncia ao poder pessoal."[7]

Washington recuou a fim de permitir que seus novos e libertos cidadãos – como teste para a democracia – seguissem a sua própria orientação espiritual ou a autoridade interior da "pura e benigna luz da revelação".[8] Como Needleman explica: "Washington renuncia para permitir que o que é bom comece a agir, para além do orgulho atuar na vida da Humanidade".[9]

Em sua conclusão, escreve Needleman: "Washington se torna o herói da vontade; mas é uma vontade que não reafirma o ego ou destrói seu oposto. É uma vontade que permanece, misteriosamente, não como uma tempestade, mas sim como uma oração."[10]

Seria difícil encontrar palavras melhores para descrever a união entre contemplação e ação como trabalho da orientação espiritual – abrir o coração do espírito em ação.

Capítulo 12

DNA Espiritual: mapeando o genoma da transformação

Se você assistiu ao filme *A lista de Schindler*, de Spielberg, baseado em fatos reais, acompanhou a história do industrial Oskar Schindler e sua cumplicidade diária com trabalhos forçados em um campo de concentração nazista, onde os considerados inaptos para o trabalho eram exterminados. Com sua alma contaminada por tal situação, Schindler passa a fazer uma lista dos que alegava necessários para seu esforço de guerra na fábrica – incluindo os fracos demais até para andar –, salvando-os da câmara de gás.

O milagre ilustrado no filme foi a flor da bondade humana nascendo de um solo improvável – de uma pessoa endurecida, mas que se tornou disposta a arriscar sua vida por estranhos. O significado dessa história redentora não passou despercebido ao público alemão, que inundara as salas de cinema, esfomeados por um espelho para finalmente enxergar a pureza de sua humanidade. Foi como se uma pérola de valor inestimável tivesse sido descoberta da lama na qual estava escondida por anos, mantendo sua pureza e valor intocados.

A lista de Schindler deixa a audiência com uma pergunta sem resposta: Existe alguma coisa irredutivelmente boa e verdadeira na alma humana – em nossa natureza essencial? Se existe, então o que seria a Bússola da Alma que nos guia até a bondade? Será que a liberdade de transcender o egoísmo está dentro de nós?

Convidamos nossos gurus para refletir sobre a questão da evolução humana com o objetivo de conseguir respostas práticas para nossas vidas atuais. Se existe uma força sutil que nos puxa em direção à plena realização de nosso potencial humano, então se nos alinharmos – intenções e ações – com esse movimento poderíamos participar do processo evolutivo.

Fizemos 3 perguntas:

1. Existe algo em sua tradição que corresponda a uma força evolutiva que transforma uma semente num carvalho?

2. Se assim for, para qual direção estará evoluindo o ser humano?

3. Qual é o objetivo final?

"Agora há uma palavra para nós que veio de Harvard, enteléquia", responde o poeta Daniel Ladinsky. "Nunca tinha visto isso antes. Em primeiro lugar, quero dar-lhe o que meu dicionário trouxe sobre a palavra, que é 'a realização do potencial, a suposta natureza essencial ou princípio norteador de um ser vivo'." Relembrando um diálogo que teve com um jovem sacerdote de "um dos melhores seminários e escolas teológicas de todo o mundo".

"Perguntei se achava que Deus poderia lhe dar sua própria experiência e, em caso afirmativo, onde ele estaria então? Sei que quando eu morrer, a casca vai cair dos olhos de minha alma e encontrarei a mim mesmo: uma magnífica e divina soberania que é tão perfeita como eu jamais poderia ser, e sentindo que gostaria de ficar sozinho para sempre para explorar a imaculada quintessência do ser."

Daniel descreve a convergência de duas trajetórias – uma pessoal e a outra cósmica. Elas avançam uma em direção à outra, pela atração mútua e em estado de Iluminação consciente, simultaneamente, nosso despertar individualizado e auto-reconhecimento de Deus. O turning point da história humana –a aventura trágica atrapalhada por identidades enganosas e suas complicações decorrentes – talvez seja precisamente o momento em que Daniel descreve: o universo despertando através de nós, o esclarecedor auto-reconhecimento de que é ao mesmo tempo nosso e de Deus. Poucos de nós – se é que existe alguém – mesmo com o melhor esforço de nosso poeta – pode relacionar esta descrição do objetivo final da evolução e sua realização com nossa própria experiência.

Um tesouro escondido desejoso de ser conhecido

Daniel Ladinsky articula uma clássica compreensão espiritual sobre a intenção final que dá à evolução tanto o seu dinamismo quanto sua direcionalidade: "É a morte de nosso 'falso eu' e o nascimento de nosso 'verdadeiro eu', a vontade de Deus se manifestando em nossa singularidade". Nas palavras do padre Thomas Keating, "a possibilidade que temos de viver cada momento de forma divina, ou seja, permitindo a Deus que viva nossa experiência humana, em nossa particular singularidade".

Hameed Ali coloca as coisas desta forma: "O universo está em desenvolvimento de tal modo que se torna mais consciente de sua Totalidade, e só pode ser obtido desenvolvendo os órgãos da consciência para ver e experimentar tal evolução. Esses órgãos são as almas individuais." Nosso desenvolvimento espiritual pessoal – em outras palavras, o refinamento de nossas próprias capacidades – e os criativos desdobramentos do universo infinito são dimensões interdependentes da mesma consciência emergente.

Essa evolução corresponde ao que o arcanjo Gabriel disse a Maomé no Hadith – Livro dos Profetas: "Eu era um tesouro escondido desejoso de ser conhecido, por isso criei o mundo a fim de que me conhecessem." O divino e infinito não-manifesto um, sem nome e insondável deseja ser conhecido – ser reconhecido – por uma profunda compaixão criou o mundo e todas as suas criaturas.

O falecido padre jesuíta e paleontólogo Pierre Teilhard de Chardin chamou esse estado cósmico de "divinização." O que vemos no teto da Capela Sistina, concebido por Michelangelo, onde o dedo de Deus chega à direção do igualmente estendido dedo de Adão, sugerindo um toque iminente de choque e de reconhecimento – uma explosão de luz cósmica muito maior.

Para encontrar o lócus onde divino e humano se encontram, talvez seja preciso olhar para não muito além dos impulsos espontâneos de nosso coração, quando entram em contato com o outro. "Existe Deus em todas as pessoas", lembra Patricia Loring, "E o ponto de conexão está no coração do Homem. Esse é o ponto da mudança e das possibilidades, o ponto do convite, e talvez o único lugar onde possamos encontrar o cósmico para saber como transmutar as circunstâncias para melhor."

"Em última instância", Mary Hey desenvolve a respeito de nosso potencial evolutivo ao ser humano pleno", significa ser mais amorosos." É ela quem continua:

> Há muita coisa que não entendo – por que existe tanto sofrimento. Mas meu trabalho não é especular sobre o que não sei. Seria como falar sobre vida após a morte. Tudo que posso resumir sobre o tema é falando de humildade e compaixão. O que é possível para aliviar tanto sofrimento. Na verdade, parei de perguntar por que existe. Você até pode fazer se perguntar se está próximo de alguém que necessita ajuda. Lembremo-nos da confusão: será que estão com medo? Será que precisam de bebida? Também não é meu trabalho descobrir porque pedem. Quando alguém agradece, me sinto como se tocada por um anjo.

Muitos relataram experiências similares do poder de cura do reconhecimento – a dignidade agraciada com sofrimento humano por um ato de verdadeira compaixão. Mary reconhece a pessoa que implora, que por sua vez se torna o anjo que a reconhece. É muito interessante o que diz o economista político Francis Fukuyama, em um dos seus livros, ao argumentar que a força motriz da história humana não é nem a razão (hoje incorporada à ciência) nem o desejo (incorporado ao consumismo capitalista). Em vez disso, a força motriz de nossa história seria o que Platão chamou de *thymos* e que Hegel mais tarde traduziu como reconhecimento. A luta de cada um por seu valor essencial, de ser visto e reconhecido neste mundo. Ao longo da história, grupos não reconhecidos levantaram-se um após o outro, dispostos a sacrificar suas próprias vidas para demonstrar dignidade indispensável que prezavam mais do que a própria vida: é a necessidade de ser reconhecido com respeito como ser humano, por força do valor intrínseco de nosso próprio eu.

Fukuyama acredita que o advento da democracia moderna, uma vez universalizada, traria um fim à luta de classes, porque todos passariam a ser reconhecidos como iguais perante uns aos outros, e a paz assim prevaleceria. Mas, esse grande avanço seria apenas uma forma exterior de reconhecimento – uma humanização, com certeza, mas não uma divinização. Não teríamos ainda reconhecido a luz interna, a divina natureza que é o espírito de tudo que vive. Ainda não teríamos reconhecido nós mesmos.

O reconhecimento implica revelação. A revelação representa os caminhos de nosso potencial evolucionário de forma concreta, específica e bem conhecida em nós. Os frutos e dons do espírito, as virtudes descritas pelas crenças, como a caridade, a paz, a bondade, a generosidade ou a gentileza são revelações concretas e específicas, aspectos de nossa verdadeira natureza ante situações particulares. Podem ser imediatamente reconhecidas e apreciadas por nós assim que surgem, por conta de alguma inata faculdade interior, que vê o bem assim que se mostra defronte de nós. Essa inteligência está armazenada no mesmo lugar onde reside nossa bondade inata: em nosso coração.

A compassiva caridade da quaker Mary Hey por um necessitado, e a sincera resposta por parte desse indivíduo, reconhecendo sua bondade – é nessa troca que há revelação e reconhecimento mútuo da luz interior, que ambos compartilham. Vidas iluminadas como as de Cristo ou Buda, bem como a bondade e outras virtudes de pessoas comuns, são inspiradoras para nós, precisamente, porque vemos nosso melhor, nossas possibilidades mais nobres, refletidas aí – e se revestem de importância evolutiva. Essas vidas reveladoras, espelhando a nossa verdadeira natureza, despertam-nos para sua presença e nos incentivam ainda mais à realização. É por tudo isso que, tal como os nossos amigos quaker nos disseram: "Quando vivemos nossa luz, a luz aumenta consideravelmente".

Viver nossa luz é uma evolução consciente, mas quais suas implicações? "Temos dentro de nós, como se finalmente estivéssemos em estado de graça, todo o programa da transformação – em outras palavras, o tipo de divino DNA que é o Espírito Santo, e que convida cada de um de nós a uma função específica, a um certo lugar ou para determinada vocação" no universo. É o que padre Thomas descreve como "o corpo de Cristo".

"A semente divina. Se somos filhos de Deus, deve haver algo Dele em nós, o que significa que a mais profunda verdade sobre nós é que nosso ser é feito à imagem e semelhança a Deus. O que vem sendo distorcido pela liberdade e condicionamento do Homem, e torna difícil perceber o quanto crescemos em autoconsciência. E a jornada espiritual se volta para a condição humana, com a necessidade de purificar nossas idéias erradas e nosso comportamento, e também a dedicar mais autonomia a nosso inconsciente, de modo que permita que os dons que recebemos se manifestem."

Essa capacidade latente sugere a existência de uma força motora por trás da evolução, diferente daquela descrita pelos evolucionistas. Essa força seria um impulso criativo para a transformação da consciência em todas as coisas vivas, no lugar de apenas um impulso mecânico de sobrevivência. Sobrevivência para quê? Se não podemos responder a questão, então a vida se torna sem sentido e a preciosa encarnação desperdiçada.

A teoria do "gene egoísta" do biólogo britânico Richard Dawkins – um ardente materialista – reza que o principal motivo da evolução seria a repetição biológica compulsiva de nossos genes com a finalidade de se replicar indefinidamente em nossos descendentes.

Sobrevivência é o nome do jogo. Mas, essa teoria não explica atitudes como as de Oskar Schindler, que deliberadamente arriscou sua vida por pessoas completamente diferentes de si. Algo nobre na natureza de Schindler triunfa sobre as exigências meramente mecânicas de sua própria biologia. Essa nobreza é o que o padre Thomas chama de "algo de Deus em nós", sugerindo que temos genes "não-egoístas" que se replicam não de modo desordenado, apesar de algo evolucionário: como as virtudes de nossa própria natureza.

Essa teoria se enquadra com aquilo que outro biólogo, Rupert Sheldrake, vê como "a outra metade da teoria de Dawkins". A natureza, segundo Sheldrake, é um equilíbrio dinâmico entre duas forças, o hábito – a repetição de formas ou padrões – e a criatividade – o surgimento de novas formas.

O elemento H2O, por exemplo, tem propriedades emergentes tais como a capacidade de congelar e de vaporizar que não podem ser deduzidas ao examinar uma única molécula de forma isolada. Só quando existe em quantidade suficiente é que as propriedades associadas à água surgem. Do mesmo modo, existem qualidades latentes em nós que começam a se manifestar como virtudes divinas e criativas apenas quando nos dirigimos para as fronteiras moleculares de nosso "falso eu", separados de uma maior integridade e comunhão.

Sally Kempton esclarece:

> Chamamos isso de "shakti", a força dinâmica que se move como o universo. Em nossa tradição, um dos objetivos do indivíduo é o de reconhecer sua divindade, e a unidade, então viver com plenitude a consciência do presente daquela unidade. Existe um conceito, que acho especial, que é a idéia de que Deus se torna parte de um indivíduo a fim de experienciar sua singular individualidade. Existe um deleite profundo em experimentar a si próprio e aos outros como expressões divinas, que também são únicas. Acredito que é nessa direção que evoluímos – para viver num espaço onde se

pode vivenciar uma total unidade e diferença – esse é o universo reconhecendo-se através de todos aqueles olhos e mentes, através de cada ser vivo. É aí onde queremos estar – para que Deus se torne o mundo e possamos conhecê-Lo numa dança de amor.

"Esse é o aspecto messiânico do judaísmo", conclui o rabino Rami Shapiro, "o desejo de sairmos da infância no Jardim do Éden para o crescimento da consciência, interiorizando o divino e trazendo à tona. É verdade para o indivíduo e para a sociedade como um todo."

Essa esperança não é um desejo vazio, mas a percepção real de uma possibilidade concreta. A idéia de que há um convite evolutivo exercendo sua atração em nós pode parecer algo fictícia, sabemos que a capacidade de amar a verdade e a beleza existe, ao menos em sua forma potencial, dentro de todos os seres humanos. Essas capacidades são também necessidades. Então existe uma força interna para que se expressem.

Mas onde essa teoria sobre intenção da evolução espiritual nos deixaria para poder participar de uma forma prática nesse processo evolutivo? O teórico social Robert Theobald identifica três abordagens fundamentais para o futuro:

1. Prever o futuro projetando tendências dominantes de hoje. Sendo assim, agora veríamos um futuro negativo com superpopulação, terrorismo e aquecimento global.

2. Assumir a existência de uma tendência benigna como, por exemplo, o inevitável aparecimento de uma nova era. O que as duas abordagens têm em comum é o determinismo. Os eventos que descrevem ocorrerão mesmo que não se possa fazer nada em relação a eles.

3. O futuro se assenta em sermos capazes de imaginar um potencial existente e tomar medidas para realizar.

Nós somos parte dos instrumentos criativos de Deus

O futuro ainda não está determinado, e o presente ainda está rico de possibilidades. Mas, a medida criativa que devemos tomar em qualquer circunstância não deve ser unilateral. Quando vemos nós mesmos como entidades separadas, pode acarretar grandes transtornos – como o interminável sofrimento a que foi condenado o mítico Prometeu por roubar o fogo dos deuses. Nosso papel é participar não apenas com humildade, mas também com ousadia do processo co-criativo, cooperando para otimizar forças.

A falecida mística inglesa Evelyn Underhill, em perspectiva semelhante, dedica boa parte de seu livro *The Spiritual Life* à cooperação com Deus: "O nosso lugar não é na platéia, mas no palco – ou, se for o caso, no campo, na oficina, nos estudos, no laboratório – porque fazemos parte do aparelho criativo de Deus."[1] "Quando as palavras 'Teu será feito teu, o Reino chegou!' são proferidas sinceramente", prossegue, "eis a energia, o impulso, de uma intensidade de desejo para a realização de perfeição na vida."

Será que existe, por exemplo, uma qualidade de amor, harmonia ou beleza ausente na situação de hoje? E conseguimos vislumbrar alguma forma prática de introduzir tais qualidades transformadoras na vida que vivemos agora? Se a necessidade e a oportunidade combinam com nossos dons e com nossa vontade, então talvez estejamos sendo chamados ou guiados (por essa convergência) a ajudar e melhorar as coisas. Não é um papel passivo e nem egoísta. É um alinhamento, uma sintonia e disponibilidade para co-criar o maior bem que nossa imaginação espiritual revela.

Ajahn Sona está longe de ser egocêntrico ou passivo. Ele explica:

> Não é inevitável que os indivíduos evoluam. Não existe nada automático que possa ligar para seguir em frente. O indivíduo ou comunidade deve trabalhar. Estando em contato com a generosidade, compaixão e presença do espírito, as coisas devem fluir. São as aspirações erradas que nos levam à escuridão.

Não devemos ficar falando em esperança. Existem esperanças ilusórias, sobre o passado ou o presente, e são ilusórias porque tanto um como o outro não podem ser diferentes: são assim e nada mais. É melhor desistir desse tipo de ilusão. Quanto ao futuro, nossa convicção é que os bons resultados se originam de boas causas. Essa é a única e correta esperança.

Para essa esperança vingar precisamos ter fé na causalidade. Se faço coisas boas agora, terei bons resultados amanhã. Mantemos a esperança no futuro quando "realisticamente" estamos presentes aqui.

Perceber as possibilidades não é negar a realidade, mas sim tomar ações concretas para a realização das possibilidades. Os bons resultados se originam de boas causas.

A otimização da força

Ser habilidoso significa trabalhar lado a lado com a Força otimizada, segundo Hameed Ali: "A força otimizada é o sentido em que a orientação abre e apóia a benfeitoria de nossa experiência e desenvolvimento – o que pode representar a atualização de nosso potencial."

"A orientação", Ali diz, "basicamente otimiza o processo de benfeitoria, nos ajudando pessoalmente a participar e harmonizar o processo. Mas não há um modo específico para acontecer. Se mantém desenvolvendo uma ou outra forma que depende mais do momento, para onde a inteligência deseja caminhar."

A insistência de Hameed de que inteligência e espontaneidade trabalham juntas no processo evolucionário, ultrapassa o atual debate entre criacionistas e evolucionistas. Na verdade, não há nenhum conflito se percebermos que o "design inteligente" caminha sempre de forma espontânea e criativa dentro do processo evolutivo.

Não há um plano definitivo que anteceda o indivíduo, nem microcosmo nem o próprio cosmo. Como diz Ali, "O potencial é infinito. Quando faz um plano, cria um potencial finito. E minha opinião é de que não há fim à evolução. Tudo está constantemente em mutação. E gosto da idéia da Inteligência emergente. A orientação serve para reconhecer os olhos da Inteligência dinâmica e evolutiva."

Não existe nenhuma finalidade

Não ter um plano torna a navegação uma sutil questão de fluir com o processo criativo em si. Acontece a esmo, como se fosse desdobrar-se momento a momento a partir da fonte de nosso ser.

A reverenda Cynthia Bourgeault desenvolve um pouco a idéia: "se for capaz de manter-se íntegro, então Deus em sua maravilhosa criatividade, será capaz de se mover através de sua finitude, para fazer o que deseja – a maravilhosa criatividade que emerge quando saio do caminho. Mas nós somos capazes de fazer de uma forma muito pomposa. Talvez tudo o que Deus deseje na forma humana é tocar um floco de neve." Maravilhoso em sua simplicidade. A reverenda Cynthia deixa a noção especulativa de que a evolução está acontecendo no tempo linear para entrar no conceito "daquilo que sei – como sendo o destino da humanidade totalmente preenchido, quando se abre o coração para o divino a cada instante".

Neste instante, não aquele que já passou. A criação é a regra de ser, é um contínuo movimento. Assim, o perigo de uma identidade congelada é segur o manto antigo de um ser que desapareceu.

A rabina Tirzah Firestone nos fala de "uma convergência em direção a uma inesgotável plenitude. Deus é infinito. O crescimento é interminável. Acontece o tempo todo - o curso do rio lhe chama."

A psicóloga Linda Backman disse que o crescimento não é destino, mas processo. O limiar – período entre o que não aconteceu ainda, tempo da pura abertura e da pura possibilidade – pode ocorrer a cada momento, desde que saibamos viver. A orientação nos convida a viver com o coração aberto para estar aptos a mudar de direção, se o momento assim exigir.

Esta é a postura. Não é passiva e nem assertiva; é atenta e compreensiva. Como diz padre Keating, vamos continuar crescendo indefinidamente na Sabedoria de Deus. Não há maneira de acabar. E é uma idéia de Deus e não nossa. É Sua Criação. Estamos convidados para um nível de vida simultaneamente completo e que está sendo constantemente completado. É um processo interminável.

Frações de uma colher de chá, passo a passo, momento a momento

Seja qual for a situação que vivemos, requer confiança, humildade, abertura e coragem para um envolvimento evolutivo, vez que é raro, ou que quase nunca saberemos para onde iremos. Patricia Loring explica da seguinte maneira: "Pode ser muito divertido especular para onde tudo irá, mas, vai além de minha capacidade e não é da minha conta. Meu negócio é discernir de que maneira posso me envolver em minhas relações aqui e agora, passo a passo. É virtualmente impossível conceber que eu, como indivíduo, posso exercer algum efeito significativo no que deve ser feito."

No entanto, ela vê esperança nas teorias científicas que dissipam o sentimento de inutilidade paralisantes em face de nossa relativa impotência de mudar as coisas: "Nas noções de novas complexidades e cosmologia, vejo crescente confiança na existência de propensões da natureza das coisas a desafiar a aleatoriedade estatística onde estão baseadas as chances. Essas propensões podem ou não ser realizadas, dependendo das condições em que surgem... Encontro o apoio para minha fé espiritual de que agir contra as chances pode ser crucial em um mundo como o nosso."

Será que é assim tão simples? Será que temos escolha para avançar contra a corrente de nosso condicionamento, em direção evolutiva – ainda que não seja possível vislumbrar mais do que uma parte do caminho? Essa é a esperança de Patricia, a liberdade como forma de obediência, na acepção do radical latino ob audire, ouvir ou escutar.

No Deuteronômio (30:19-20) há um discurso atribuído a Deus. "Eu já estabeleci hoje a vida e a morte. Escolham a Vida!" A que melhor se adapta a nós é a morte. Para escolher a vida é preciso nos entregar às ordens de Deus e a Sua orientação. A escolha que faço é doar a mim próprio - não para o que eu ou qualquer pessoa possa conceber como sendo a ordem das coisas, ou até mesmo a uma ordem que gostaria de ver estabelecida, mas sim a uma ordem que é dada a mim para ser levada adiante em frações de uma colher de chá, a cada instante."

O que morre, o que fica encravado quando nos identificamos com o menor que o infinito potencial da alma, é o fluxo espontâneo do potencial de se manifestar. Ficar livre de nossos instintos e condicionamentos não é licença para a tirania do capricho, mas sim um alinhamento de nossa vontade à força evolutiva da orientação. É a liberdade de obedecer a uma diretriz superior. Patricia continua:

Muitas pessoas perguntam "O que quero?" Não acho que o discernimento tenha a ver com o que eu quero. Trata-se de perceber onde o convite da vida estará no momento seguinte. Pode ser até que não seja o que eu quero, mas depois de ter provado a vida, vou acreditar nela, colocar minha fé nela. Não vou preferir estar em qualquer outro lugar; mas só posso dizer isso a partir da experiência. Não se trata do que quero, nem do que é mais gratificante e nem do que imagino que poderia me fazer mais feliz. É o que parece ser mais verdadeiro e correto – e que me dá mais paz.

Aquilo que parece mais verdadeiro e vivo só pode ser verificado quando se está presente neste momento. Nada mais, passado ou futuro, realmente existe ou importa. Essa é parte da dificuldade de se pensar a evolução como movimento cronológico em direção ao futuro. Os quakers estão constantemente lembrando a si mesmos de ser pacientes.
Irmã Dougherty também fala disso: "Existe um equilíbrio delica-

do entre o momento presente e viver a possibilidade de uma plenitude, onde todos nossos preconceitos são ainda suportados. Acho difícil falar em objetivo porque me exige esforço, um passo-a-passo seguindo o conceito "Se fizer isto, chegamos ali." Isso implica em onde estarmos agora, neste momento, não ser bom o suficiente. A partir daí fico num constante ir e vir."

Ela continuou, "Portanto, não fazemos nada para conquistar um objetivo ou para ir a outro lugar. Então, se existe um objetivo, será viver a plena realização deste momento."

Joan: Neste ponto, admiti que em todo caminho profissional que tomei "tinha que ter valido a pena prestar atenção para onde a estrada estava se abrindo naquele momento."

Gordon: Eu acrescento que afirmar que tudo está aqui, não significa dizer que o "aqui" é um lugar estático. Tudo está aqui, vivo e em movimento, e nós somos parte deste movimento. Porque o agora está em movimento.

"Sim, sim", concordou Irmã Rose Mary.
"Vivo", repeti.

Visão – a criatividade do coração

Joan e Gordon: Quando garantimos que o agora está em movimento, que contém o movimento em direção a uma possibilidade maior, como podemos fazer parte desse movimento? Nesta seção, queremos nos concentrar no papel da visão.

Vamos à faculdade da imaginação – a capacidade de perceber, e, portanto realizar as possibilidades. Einstein disse que imaginação é mais importante do que conhecimento. Isso representa nossa liberdade de ver e co-criar um futuro otimizado em vez de deixá-lo "cair sobre nossas cabeças" como se fosse o destino.

Michelangelo podia ver a forma de sua estátua já dentro da pedra, forma essa que só iria liberar depois usando a tela e o cinzel. Outro exemplo de como a imaginação pode trazer o potencial da latência à revelação é o caso de Bernardette Cozart. Quando se mudou para o Harlem, em Nova York, não via aqueles espaços vazios como locais para uso de drogas. Ela não negava a realidade, mas enxergava seu potencial de se transformar em jardins comunitários, com as plantas sendo cultivadas por velhos e crianças que trabalhariam em conjunto, realizando coisas novas. Bernardette ajudou a criar mais de cem locais onde as almas cresciam, junto com flores, e mais tarde foi batizada "Senhora das Flores do Harlem".

Quando Madre Teresa pegou uma criança que estava praticamente morta por nunca ter sido carregada com amor, os olhos de seu coração viram "o corpo de Cristo" naquela criança. Parecia um milagre que um bebê abandonado pudesse de repente voltar à vida com um sorriso radiante, que era todo seu potencial latente. Mas aquele potencial precisava antes ser visto, para que pudesse ser realizada a função de nossa imaginação espiritual.

Em nossa cultura moderna, ainda confundimos imaginação com fantasias irreais. Mas os místicos entendem imaginação como a capacidade criativa de ver e levar adiante uma realidade mais profunda do que os cinco sentidos podem perceber. Essa realidade profunda é o Sagrado, manifesto em todos os seus ricos aspectos e dimensões – que está vibrante e vivo, pronto para nascer.

O filósofo contemporâneo Richard Tarnas documentou o fracasso de filosofias ao entrar em contato com a realidade depois de mais de 4mil anos de história intelectual no Ocidente. Sua atenção estava dirigida para a imaginação como forma de autoconhecimento e auto-revelação do vigor da natureza em si mesma. Ele escreve: "Em sua mais profunda e autêntica expressão, a imaginação intelectual não se limita a projetar suas idéias na natureza, de um canto isolado do cérebro. Pelo contrário, de dentro de sua própria profundidade, a imaginação contata diretamente o processo criativo da natureza, realizando esse processo em si mesmo e trazendo a realidade natural a uma expressão consciente."[3]

A imaginação espiritual, através da qual nós percebemos o sagrado dentro do secular, foi expressa pelo poeta William Blake: "Para ver o mundo num grão e o céu numa flor selvagem".

O estudioso islâmico Henry Corbin, traduzindo o trabalho de Ibn al-'Arabi, escreve sobre a teofania, a aparência de Deus ou do sagrado sob uma forma reconhecível – e a imaginação teofânica como instrumento através do qual o próprio divino se torna conhecido: "Imaginação Ativa é apenas o órgão da absoluta Imaginação Teofânica... cujo tema é a verdadeira divindade revelando-se a si mesma... O órgão da Imaginação Teofânica no homem... é o coração e a criatividade do coração."[4]

A criatividade do coração é mais do que uma linguagem poética; nos oferece uma visão orientada do futuro. Existe uma ampla compreensão compartilhada do desenvolvimento humano como um progressivo círculo de identidade e relacionamentos. A trajetória do desenvolvimento se move do egocêntrico (apenas eu) para o etnocêntrico (meu grupo), para o *worldcentric* – cosmocentrismo (todas as pessoas e criaturas) e para além, leva a uma comunhão entre o "eu pessoal" com tudo aquilo que vive; com a própria vida. O fator limitante para nosso desenvolvimento a qualquer momento – o que impede o coração de se abrir – é o grau de nossa ligação com identidades parciais: minha religião, minha etnia – ao que padre Keating chama excesso de identificação com o grupo.

Aqui está o que a visão imaginativa de Keating descreve como sendo a criatividade do coração podendo co-criar o mundo coerente:

> O convite é extensivo para nós, não apenas para nos consagrar na presença de Deus, mas para torná-la disponível a todos e para despertar, em virtude da unicidade da natureza humana. Nós somos chamados a ser não apenas os herdeiros, mas também os colaboradores, permitindo a toda família humana participar do banquete. E assim, o que se manifesta é a luz de nossa própria Beleza e Verdade, como Imagem de Deus. Não precisamos de Deus para nos julgar,

porque a própria Luz será o Juiz e decidirá se estamos prontos a entrar na terra do amor, onde o egoísmo não tem lugar.

"Na medicina xamânica", nos conta Oriah, "Falamos sobre Chulaquai – palavra que significa "a faísca da vida, a força vital que inflama e ilumina o caminho em direção ao maior sentimento de plenitude." Nascemos com duas pernas, e se despertamos, nos tornamos um ser humano em uma jornada que nunca termina. A diferença depende de nossa comunicação entre os corações. Tornar-se humano é ter a capacidade de compaixão, incluindo todos e tudo o que é. É isso que nos move para frente, de infinitas formas."

Reverenda Suzanne Fageol resume a visão evolutiva de forma ainda mais sucinta: "A mudança é do pequeno e auto-exploratório comportamento para se operar o bem maior." Ela esclarece em seguida: "Não se trata de mim ou deles. É uma parceria co-criativa. Como posso ser servido enquanto estiver servindo aos outros?"

Falamos como a sinergia e como a antropóloga Ruth Benedict a usou, ao observar a tribo Blackfoot em Montana, de modo a descrever o ponto onde o altruísmo e o egoísmo tornam-se indistinguíveis. Muitas tradições ensinam: sacrifique-se para o bem do todo. A mudança que se vê, hoje, ajuda todos a prosperar. Quando um se torna parte de um campo energético de mudança, então pode mudar as coisas.

A força do hábito e a identidade do ego – determina dois padrões difíceis de interromper. A liberdade exige quebrar as cadeias do hábito, a liberdade que nos torna humanos e não autômatos. E o hábito do egoísmo pode ser o mais difícil de abandonar. Thomas White, colega de Susan Baggett, completa: "buscamos os velhos hábitos e padrões, tentando inverter o fluxo do que seria a chave para a evolução. Se estamos menos egoístas hoje do que ontem, já criamos algo novo".

Parece simples, mas funciona. Eles ensinam seus alunos como reverter o fluxo de sua atenção e concentrar-se a partir do "seu eu" para um bem maior, incluindo pessoas e necessidades. A compaixão, como forma de orientação Inteligente opera sem julgamento e, apenas com a sensação, se pode ver exatamente onde existe necessidade.

O ponto principal em todas as visões sobre nossa possível evolução é que não há apenas a questão do "eu" que evolui, mas também do "nós" que evoluímos juntos.

O rabino Zalman afirma: "Andar juntos, esse é o nosso trabalho. Como é bom quando irmãos e irmãs estão presentes em harmonia de maneira triunfal, onde as religiões aprendem a cooperar uma com as outras. O objetivo principal da Humanidade e de todas as criaturas é viver juntos em harmonia."

O conceito de triunfalismo harmônico a que o rabino se refere exige transcendência do sectarismo religioso que assola o mundo. A verdade, tal como os antigos judeus reconheciam, era um espelho nas mãos de Deus; o espelho quebrou e agora cada um de nós carrega apenas um pequeno pedaço. Para reparar o espelho que detém toda a Verdade do que somos e do que poderemos ser quando estivermos juntos, vamos precisar de humildade e abertura para acolher e integrar todas as peças. Essa foi a visão profética de Ibn al-'Arabi, o professor Sufi medieval, como traduzido por Henry Corbin:

> O "Dia da Ressurreição". . . tem um significado iniciático: é o momento em que a alma individual trata de compreender sua unidade em essência com a divina totalidade, o dia em que os credos particulares deixam de ser véus e limitações e tornam-se manifestações nas quais Deus está contemplado, vez que expressam capacidades do coração dos homens. Essa criatividade do coração (himma) é a habilidade de ver o divino através de suas metamorfoses de teofanias – suas revelações momento a momento. Compreender o dogma como mazhar, um símbolo, é "desfazer" seu dogmatismo, e esse é o sentido da Ressurreição.[5]

Harmonia, não unidade; convergência, não consenso

Será que o gene altruísta vai florescer? Se assim for, vamos poder ver e agir para além de nossas estreitas identidades e participar de um futuro onde a riqueza da vida no planeta poderá se abrir. Ocasionalmente, somos agraciados com a visão da Terra Prometida – mesmo quando não podemos entrar e ficar por ali. Foi essa a nossa sorte quando estivemos num Congresso das Religiões Mundiais em Barcelona, na Espanha. Sua missão estava declarada na sua frase: harmonia, não unidade; convergência, não consenso.

Os participantes foram convidados para assistir um concerto de música sacra na praça da grande catedral, numa noite do evento. Havia espaço para 3.000 pessoas e cada assento estava ocupado. O discurso de abertura foi feito pelo arcebispo da Catalunha, e então veio um orador após o outro apresentar suas bênçãos em nome de suas religiões. A maravilhosa música que surgiu após as bênçãos parecia transcender as diferenças religiosas que historicamente nos dividiram.

Havia a bela voz de uma freira espanhola; depois o canto de uma índia norte-americana que representava a nobre alma da tribo seneca; dervixes sufis em movimentos dramáticos com suas flautas e percursionistas japoneses em maravilhosa sincronia. Cada nota era diferente e juntas eram harmonizadas como uma rica sinfonia do espírito humano.

Quase três horas depois, perto da meia-noite, o último grupo de artistas veio ao palco: Sheva, uma banda formada por sete músicos árabes e judeus (Sheva quer dizer o número 7 em hebraico e árabe). Sua música era uma ode à paz e se elevava ao céu estrelado de Barcelona. Era como se todas as paredes das crenças que nos tinham dividido através dos tempos tivessem vindo abaixo; estávamos finalmente juntos em nossa e alegre e triunfante humanidade. Era uma prova de nosso mais profundo desejo – de nossa possibilidade de evolução – sendo realizado.

Uma mulher, de uns 70 anos, nos disse que nunca tinha dançado, estava girando em seus pés num ritmo de puro êxtase. Nós – e ao que parecia, todos os demais – reconhecíamos cada um de nós nos outros.

Se estivesse lá, Bob Marley teria cantado sua canção "One

Love". Esta é a estrela guia para onde a Bússola da Alma está nos orientando. É nossa inteligência, a realização do potencial, a natureza essencial ou o principio norteador da vida.

Capítulo 13

SENTE-SE E CALE-SE: SABEDORIA CONTEMPLATIVA PARA OS LÍDERES MUNDIAIS

Nós perguntamos aos gurus: "Se aconselhasse os líderes mundiais para encontrar uma orientação no sentido de melhorar a vida no futuro, o que sugeriria?"

"Bem, não sou ninguém", padre Thomas Keating responde meio brincando, "Mas se me perguntassem, sugeriria sentar e calar a boca. Significando, deixe que Deus fale com você ou apenas escute por alguns minutos."

Será que algo tão simples de se fazer, ouvir com humildade, será a ligação essencial entre liderança e a orientação? A reverenda Cynthia Bourgeault assim pensava quando aconselhou os líderes a "gastar 20 minutos por dia em solidão, em silêncio, com o coração aberto e o telefone desligado." Ela completou: "Acho que todos os problemas do mundo se reduzem a isto – a incapacidade de sentar num quarto sozinho por meia hora."

Os gurus concordam que a autoridade que emprestamos a nossos líderes, para que nos ajudem a realizar nosso melhor futuro, será bem empregada se esses indivíduos ouvirem profundamente a fonte da verdadeira autoridade, o silêncio interior do qual a orientação espiritual flui.

Os líderes genuinamente abertos que podem sustentar tal contato íntimo, não são insuflados pelo poder ou motivados por agendas pessoais. Em vez disso, servem ao bem comum estando presentes em suas mais profundas individualidades, compartilhando o que é real e possível no momento Histórico. Neste capítulo, vamos avaliar o que bloqueia essa percepção da possibilidade, o que pode reforçá-la e como esses líderes, enquanto ouvintes, podem nos ajudar a construir um mundo mais livre e que seja reflexo de nossa verdadeira natureza.

Co-criando um futuro positivo

O objetivo da pergunta sobre liderança é o de reconhecer se existe uma dimensão coletiva e individual para a orientação espiritual. O legítimo papel de um líder como alguém que ouve e pergunta – um facilitador da orientação coletiva – é nos ajudar a atender aquilo que mais importa: os desafios emergentes e as oportunidades que exigem, neste momento particular, nossa sabedoria coletiva e nossa resposta criativa.

Os desafios são assustadores. Aquecimento global, superpopulação, extinção de espécies em um ritmo nunca visto desde o asteróide que destruiu metade das formas de vida da Terra (há 65 milhões de anos). Augúrios inquietantes sobre o que está por vir. O crescimento tecnológico continua a ultrapassar nossa capacidade de prever ou controlar essas conseqüências, para o bem ou para o mal. Os perigos desta situação, como os poucos exemplos acima ilustraram, são muito mais óbvios do que as possibilidades que existem para um avanço seguro. É por isso que se faz tão necessária uma nova visão compartilhada e uma encorajadora liderança.

Mas antes, temos de estar presentes na situação atual em vez de nos prendermos à nossas esperanças e medos, que tendem a ser resíduos de experiências anteriores projetadas à frente. Funcionam como filtro que distorce a capacidade de percepção de nova solução para os problemas existentes. Como resultado, estamos nos movendo à velocidade da luz para um amanhã desconhecido e com nossos olhos firmemente colados no espelho retrovisor. Tal comportamento cria uma espécie de compulsão à repetição – conseguimos o que era, em vez daquilo que poderia ser.

Quando não conseguimos ver nosso caminho, nossa vontade fica congelada e deixamos de ser livres. A visão compartilhada, que poderia iluminar os líderes e nos ajudar a descobrir as coisas, é a clarificação da vontade coletiva, que fornece orientação para uma ação correta. Sempre quando essa clareza estiver ausente, nós deveríamos nos perguntar sobre o que estará em nosso caminho.

Uma forma sóbria e útil de avaliar nossas suposições sobre o futuro foi descoberta pelo filósofo holandês Fred Polak, e está descrita em seu livro *A Imagem do Futuro*. Este estudo, sobre a ascensão e queda de culturas no mundo, revelou que o indicador mais confiável da contínua vitalidade ou eminente declínio de uma civilização pode ser encontrado em suas imagens dominantes sobre o futuro. Essas hipnóticas projeções dos medos e esperanças coletivas tendem a funcionar como profecias autocumpridas.

Como resposta às descobertas de Polak, o cientista social Willis Harman realizou uma profunda pesquisa chamada "Mudando as Imagens do Homem", na Universidade de Stanford, em 1973. Sua premissa era de que a maioria dos problemas que encontramos neste planeta são apenas sintomas, espelhando de volta nossas representações viciosas de quem somos, em relação a nós mesmos, aos outros e à natureza. Estas imagens distorcidas produzem percepções igualmente distorcidas das possibilidades futuras.

Harman e seus colegas acreditavam que correções sistemáticas dessas distorções poderiam ser poderosa alavanca para uma mudança social. Entretanto, a visão predominante do futuro encarnada em nossas imagens é o que acontece de fato para nós. Em outras palavras, somos vítimas de um futuro negativo que vem em nossa direção como um destino imutável.

O trauma da Primeira Guerra Mundial, que uniu tecnologia ao terror, foi um ponto de virada em nosso imaginário sobre o futuro. Ele esmagou o universal otimismo que precedia essa guerra, e as utopias virtualmente desapareceram, substituídas por receios difusos de que o progresso tecnológico havia sido seqüestrado pelo lado negro primitivo da natureza humana. Hoje, não relacionamos mais progresso tecnológico com avanços da civilização humana.

Esta mudança em nossas imagens sobre o futuro é exibida pelo cinema. Os embates entre liberdade humana e ventos poderosos da escuridão podem ser vistos em filmes clássicos como *Metropolis*, de 1927 e até em filmes contemporâneos como *Matrix*, *Minority Report* ou *A Soma de Todos os Medos*. Fotos icônicas –o cogumelo atômico, as torres gêmeas se queimando – também se alojam em nosso sistema límbico emocional coletivo e criam persistentes traumas e medos encolhendo nossa percepção das possibilidades.

Mesmo que essas imagens assustadoras não sejam profecias autorealizáveis, nós certamente precisamos de novas visões sobre o infinito e divino potencial dentro de nós. Essas visões podem surgir do silêncio compartilhado que os quakers e outros gurus descreveram.

Cecilia Montero, a xamã inca, disse: "Quanto mais as pessoas cultivam o silêncio, mais paz teremos. Mas devemos também cultivar a cooperação entre nós, para cuidarmos do planeta. Todos devemos tomar conta de nosso habitat." Se ouvirmos e perguntarmos de maneira compartilhada e cooperativa, convidaremos a orientação coletiva – o objetivo de uma autêntica liderança. A inteligência emergida desse mergulho em nossa essência não é conformidade, mas um rico e diverso entendimento das possibilidades que inspiram ações criativas em diferentes frentes. Mas, assim como na orientação individual, existem bloqueios que devem ser superados, para podermos mobilizar a inteligência e implementar as soluções que sugere.

Os bloqueios de uma liderança

O sufi xeque Kabir Helminski identifica a mentalidade de vítima como o maior bloqueio da orientação:

> Vejo muitos aspectos da situação do mundo atual nos quais os problemas estão piores, por causa de atitudes não espirituais. O indivíduo está sendo vítima. Isso não é postura espiritual.

Outra doença espiritual é a sensação de superioridade moral. Os remédios são generosidade, bondade e perdão, as maneiras de se restabelecer a justiça. Não sei por que é tão difícil conseguir justiça neste mundo – porque é tão difícil calçar os sapatos dos outros. Vemos apenas nossas próprias demandas e reclamações, em vez de sentir a dor e o sofrimento que nossas ações estão criando.

O iogue Mukunda Stiles repercute: "O maior problema da humanidade é não ver o mal que causa e o mal em que vive. Se uma pessoa é capaz de ver o mal sendo infligido, tal atitude pode ser transformadora. Ontem li uma história sobre uma vaca que fugiu do matadouro e foi parar numa rodovia. Todos tentaram capturá-la. Estava fugindo do matadouro e todo mundo votou por salvar sua vida. É um exemplo prático de que não percebemos as coisas."

Vacas amedrontadas na estrada, refugiados nas fronteiras, pobreza nas cidades, habitats destruídos. Talvez o maior problema de nosso mundo televisionado seja ver a violência... e não a dor. "A única garantia de que uma liderança será proveitosa para a evolução da vida", disse Hameed Ali, "é de que seja desinteressada, privada de egoísmo." Isso parece um requisito sobre-humano, além de que o caminho competitivo, para posições de poder exclui qualquer um que apresente essa qualificação." Hoje em dia, não há líderes assim", continua Hameed, "pessoas que não sejam egoístas não se tornam líderes. Para chegar nessa posição, exige-se muita ambição."

E essa característica torna difícil enxergar pontos de vista de outras pessoas. "O princípio budista da visão correta exige que não se apegue à visão correta", o monge budista Ajahn Sona resume o paradoxo de se apegar a uma opinião sem humildade de perguntar o ponto de vista do outro, e denominar isso de orientação.

A visão correta deixa de ser quando se adere a ela. Assim, se você estiver pronto a defendê-la, armado de ganância e ilusão, perderá essa visão. O amor nunca é defendido pelo ódio. A paz nunca é defendida pela guerra. Por isso, encorajamos as pessoas a defender sua fé através do sacrifício da não-violência, da adoração da paciência – da infinita paciência, que não tem data de validade.

As nações e os países são preservados pela veneração da sabedoria e da visão. Estes duram mais do que aqueles que meramente veneram sua existência acima de todo o resto. Então, devemos ter a absoluta convicção de que existe algo mais importante do que a própria existência. Você não consegue garantir a duração de uma existência por se prender a ela desesperadamente.

"Realizem suas práticas espirituais juntos", foi o conselho da Reverenda Suzanne Fageol aos líderes mundiais. "Vocês estão agindo de seu "Eu separado" ou em parceria com o espírito? Falamos de inclusão. Temos de respeitar a diversidade, porque somos todos interdependentes. Um dos critérios que usaria seria o de tentar saber se os líderes mundiais se movem em direção à exclusão ou à inclusão. Inclusão é para onde se dirige a evolução. Se estiver angariando interesses especiais e excluindo pessoas, não é uma atitude espiritual. Temos de dialogar de forma em que estejamos dispostos a ser alterados por esse diálogo."

"Pare de criticar e reclamar. Mude seu foco, daquilo que deve ser destruído para aquilo que precisa ser construído." É isso que diz nosso amigo Bill Ury, ao sugerir como mudar o encaminhamento de um diálogo, correspondido prontamente pelo poeta Daniel Ladinsky.

"Deixe cair a faca, porque se conseguir, se tornará um grande professor para o mundo". Esta é a sugestão dele para os líderes mundiais. Ele continua:

> Verdadeira liderança – isso é o que um coração inteligente, ou desperto, proporciona. E isso é o ensinamento que um verdadeiro professor pode dar. O objetivo final é se tornar seu próprio professor. O objetivo daquele que vive baseado na fé, que só pode surgir da descoberta do divino dentro de si e da conversa com ele – do mesmo modo que dois amigos fazem, ao dividir seus mais íntimos segredos.

Reconciliando o poder e o amor

A inteligência do coração é o que os gurus concordam como necessário para substituir a acusação e o julgamento, com a compreensão necessária para implementar ações sociais iluminadas. Vivemos num mundo sem paredes, fracionado por sectarismos e violências tribais. Substituir os julgamentos por cooperação exige o que o mediador internacional Mark Gerzon chama "líderes sem fronteiras", líderes que vêem as fronteiras como pontos de contato e não como linhas de separação e mútuo desentendimento.[1]

Ele cita Nelson Mandela como exemplo máximo. Mandela tornou-se amigo de seu carcereiro branco tratando-o com o máximo respeito. Mais tarde, o convidou para sua posse como presidente. Esse ato público de perdão e reconciliação criou as bases para a cura da divisão racial que assolava vergonhosamente a África do Sul. A vontade de Mandela de perdoar o outro o libertou do confinamento de uma identidade limitada – o papel de vítima.

Adam Kahane, um facilitador de processos que ajuda empresas e governos a ultrapassar bloqueios e resolver conflitos, trabalhou em mais de 50 países, com executivos e políticos, com guerrilheiros e generais, clérigos e artistas. Escreveu um livro sobre suas experiências e Mandela fala a seu respeito: "Esse livro trata do desafio central de nosso tempo: descobrir uma maneira de trabalharmos juntos para resolvermos os problemas que nós mesmos criamos."[2]

Gordon: Assisti um dia a uma palestra na qual Kahane contava uma história sobre um problema difícil que podia ser resolvido. Ele estava presidindo um processo de reconciliação na Guatemala, depois de anos de uma brutal guerra civil. Os participantes eram representantes de todos os lados envolvidos na luta. Antigas vítimas e opressores estavam sentados lado a lado – ouvindo uns aos outros talvez pela primeira vez.

Um dos participantes relatou de maneira não acusatória, sua terrível descoberta. Presente na exumação de uma das muitas covas de extermínio em massa, perguntou ao médico legista se aqueles pequenos ossos que estavam vendo tinham sido fraturados à força. O legista disse que não, mas como havia mulheres grávidas entre as vítimas, aqueles ossos pequenos deviam ser dos fetos.

Um longo silêncio, que durou pelo menos 5 minutos, seguiu-se à revelação. Anos mais tarde, os participantes ainda se lembravam daquele silêncio penetrante, como um ponto de virada, e se referiam a ele como uma "grande comunhão", que é entendido pela tradição católica de sua cultura como se tornando um único corpo. Foi esse o poder daquele silêncio.

Essa história, segundo Kahane, ilustra o maior problema do poder: seu efeito de separação. Em seu antigo emprego corporativo, na Shell, era inconsciente do tremendo poder que ele e seu gigantesco empregador exerciam sobre o mundo. "O poder era a água onde eu nadava."

Tal como o peixe que é o último a descobrir a água, Kahane ficou chocado ao reconhecer que o poder em suas mãos afetava a vida dos outros. Onde o poder reina supremo, não há mútuo respeito ou reconhecimento. Para Kahane, foi por essa razão que sua corporação – em sua global irresponsabilidade e ignorância das conseqüências –, tornou-se culpada de "violência institucional". Foi por isso também que a deixou pela escolha de uma vida a serviço da humanidade.

"Eu me abri", conforme suas palavras, e foi assim que afirmou entender o amor.

Joan e Gordon: A orientação espiritual pode se tornar uma abertura, vez que explode a autocegueira em que o poder do ego se fecha. Torna esse poder aberto e subserviente em algo maior. A relação entre liderança e orientação é estreitamente paralela àquela entre poder e amor. Era essa questão que Kahane explorava em sua palestra: como reconciliar o poder e o amor?

Kahane citou Martin Luther King e seu discurso de agosto de 1967: "Um dos grandes problemas da História é que os conceitos de amor e poder têm sido vistos como opostos, e assim o amor é identificado como uma renúncia de poder e o poder como a negação do amor." King falava como Ministro e como um Nobel da Paz, dirigindo-se a outros clérigos que eram moralmente contrários ao exercício do poder. Sua posição contra a guerra do Vietnã contrastava com a atitude convencional de que política e religião não deviam se misturar. "O que é preciso é a compreensão de que o poder sem amor é imprudente e abusivo e amor sem poder é anêmico."

A ponte entre poder e amor na história de reconciliação na Guatemala foi dizer a verdade... Quando os outros puderam ouvir aquela verdade sem julgamentos, tudo se tornou uma grande comunhão de profunda compaixão. Ouvir com o coração e falar de forma não acusatória foi a chave para o avanço.

Quando o poder cresce surdo e se torna dissociado da realidade, torna-se corrupto e insensível. E quando o amor cresce hesitante e em silêncio face à injustiça, torna-se uma traição. Disse Luther King em outra ocasião "Devemos falar com toda a humildade que é apropriada à nossa visão limitada, mas devemos falar."

Falando a verdade juntos

A irmã Rose Mary Dougherty forneceu vários exemplos de locais onde os líderes poderiam falar suas verdades de forma segura e serem ouvidos com respeito. A capacidade de ouvir um ao outro em profunda sabedoria é uma das habilidades do companheirismo espiritual que faz dela tão boa professora. Ela nos conta:

> Há alguns anos fui convidada para um retiro organizado por Thomas Merton, ele tinha um sonho antes de morrer, de reunir líderes como Gandhi e Luther King em um diálogo. Até escreveu algumas instruções sobre como fazer isso, mas morreu antes que acontecesse.

Alguém teve acesso a seus escritos e convidou um grupo de líderes mundiais – políticos e espirituais – eu era uma destas pessoas.

Quando começamos, perguntavam coisas como: "O que os Estados Unidos farão quanto à sua responsabilidade pela globalização?" Quando terminamos, alguma coisa tinha mudado inteiramente, porque tínhamos passado meia-hora juntos em silêncio, então saíram para passar meia-hora em silêncio consigo mesmos e voltamos para meia-hora de conversas em pequenos grupos. Algo havia mudado na maneira como as pessoas ouviam umas às outras.

A irmã Rose Mary descreve um espaço diferente, deliberadamente criado para facilitar uma inserção mais ampla e um momento de uma profunda reflexão. Essa invenção social, se fosse criada entre os líderes mundiais, poderia aprofundar o diálogo e deixar uma orientação espiritual autêntica surgir. Irmã Rose Mary menciona ainda outro desses fóruns "Space in Politics", dirigido pelo reverendo Douglas Tanner em Washington, D.C.

"É um lugar particularmente seguro", ela explicou, "onde alguns congressistas e senadores se reúnem para oração e compartilham, em pequenos grupos, sobre como se sentem em relação àquilo que consideram suas liberdades e suas não-liberdades, sobre posições que estão tomando, o que acontece em suas vidas. E há uma coisa naquela atmosfera: permite às pessoas ouvir e começar a confiar além das diretrizes dos partidos políticos." O famoso cientista social quaker Kenneth Boulding chama este tipo de reunião de "fone de ouvido". É uma alternativa inspiradora para as batalhas pela supremacia e carrega o potencial de abrir todas as partes para uma forma mais elevada de inteligência coletiva.

Ficamos deleitados ao descobrir que a Quaker House, localizada perto da sede das Nações Unidas em Nova York, serve como uma espécie de "fone de ouvido" internacional, como a que Boulding se referia: "Os delegados, e qualquer um ligado a eles, podem entrar e conversar de modo informal, e os quakers irão se sentar com eles e moderar as conversas. As pessoas podem dizer o que pensam confidencialmente, então falamos com esses líderes sobre como conduzir suas vidas."

A quaker Mary Hey acrescenta: "Essas reuniões são para pensar e refletir. É um serviço que prestamos ao mundo, pois servem para promover o amor, a honestidade e o respeito. É o que estamos tentando trazer para os líderes mundiais. Eles têm a possibilidade de fazer a coisa certa se contar com apoio. Muitos líderes foram influenciados por um único quaker a fazer algo muito impopular. Saber que estão sendo apoiados fez toda a diferença." E quando alguém vive sua luz, tal como nossos sábios quaker asseguram continuamente, a luz aumenta.

A orientação espiritual pode ser descrita como um órgão de imaginação espiritual que permita aos líderes perceber – em conjunto com aqueles que servem –, os mais nobres potenciais na realidade corrente. A frase latina *potentia est potentia* pode ser traduzida como "potencial é poder", mas só será verdade quando o potencial for percebido, alinhado, e realizado.

Irmã Rose Mary narra como – ao enfrentar os escombros deixados pela Segunda Guerra – a missão educacional de sua Ordem, as irmãs de Notre Dame, tinha se tornado uma forma de permitir que as pessoas alcançassem seu mais alto potencial. Ela disse: "Eu gostaria de enviar a cada líder mundial algo como isso, começando com seu próprio e mais profundo potencial, para depois possibilitar a criação de formas que as nações pudessem executar."

Essa é uma magnífica visão. Num mundo com lideranças esclarecidas, poderíamos implementar objetivos específicos e começando com as crianças, permitindo-as levar adiante seus dons inatos e seus talentos. Que mundo diferente seria este se a humanidade fosse organizada para caminhar a partir deste ponto.

O desenvolvimento das lideranças, e o desenvolvimento espiritual pessoal, devem ser entendidos como faces de uma mesma moeda. Ajudar os líderes a expandir-se e tocar sua mais profunda essência humana é a chave para essa evolução.

De chefe de estado para o coração do Estado

É do rabino Rami Shapiro a sugestão de que nossos líderes deveriam todos "ir dar um passeio". Ele explica como esse simples ato poderia ajudar as pessoas a transcender seus papéis e se encontrar de modo mais íntimo e real: "Ronald Reagan contou esta história sobre o encontro com Gorbachev durante uma importante reunião, e nada estava acontecendo. Eles saem para uma caminhada, e quando voltam, tudo está resolvido. Talvez seja uma história apócrifa, mas há verdade contida nela. Em vez de uma conversa formal, vá dar uma volta no parque e conversem como seres humanos. Em vez de serem chefes de estado, sejam corações do Estado."

Esta não é uma idéia nova. O nascimento da democracia americana foi misticamente enraizado na sabedoria do coração. O entendimento foi de que todos os seres humanos, por força da divina natureza da alma, teriam acesso à orientação espiritual tanto para eles próprios quanto para a comunidade. Essa presunção otimista, como base para o direito à autodeterminação do país – como indicado na declaração de independência – está apoiada parcialmente na experiência de comunidades místicas como as dos quakers.

Jacob Needleman, professor de filosofia na universidade de São Francisco, escreve: "A doutrina do eu, expressada por comunidades como os quakers, pressupõe que todos os indivíduos buscam consultar sua divindade interior como orientação para conduzir a vida. Mas o que é esse Deus interior?"[2] Quando Needleman olha para suas experiências anteriores de real autonomia, recorda um "misterioso sentido de consciência independente dentro de si, ao mesmo tempo consciência de "estar ao lado de Deus".[3] Este reconhecimento é o ponto de entrada da maturidade espiritual – reconhecendo a existência de uma vasta e incondicional consciência interior. Ela se abre, é informada e é reconhecida pelo universo.[4]

Em outras palavras, há uma infinita inteligência que devemos procurar e que confirma estarmos no caminho certo. Ao tentar fazer a coisa certa, "Veio a necessidade de agir no sentido das ações realmente boas emanarem, e talvez apenas emanar daquela mente interior que era eu mesmo e que estava ao lado de Deus!"[5]

A capacidade humana de sintonizar-se com a orientação espiritual foi um dos pilares fundamentais do pensamento clássico grego e hebraico, as duas correntes das quais a cultura ocidental e a democracia moderna emergiram. "O judaísmo e a filosofia helênica chamaram todos os seres humanos para procurar em si mesmos a capacidade da mente cujo objetivo seria convergir a um único poder."[6]

Os hebreus, para poder amar e servir esta unidade superior do bem e da verdade que – em seu quadro teísta – era a vontade de Deus, sabiam que tinham que lutar com suas mentes e corações pela compreensão. Platão chama esse poder divino de razão, significando habilidade de intuir o que é eticamente bom e verdadeiro. E Needleman observa que, enquanto a razão foi valor dominante, sobre o qual os Estados Unidos foram fundados, seus fundadores não se referiam ao entendimento empobrecido de hoje como "tirania de um pensamento meramente lógico e mecanicista."[7] Eles possuíam uma forma de sabedoria mais conectada ao coração, cujo antigo nome é consciência. Needleman descreve consciência, distinguindo cuidadosamente de superego, como "A requintada e essencial sutileza do componente 'sentir/valorizar' da mente."[8] – que aqui chamamos Bússola da Alma.

O milagre é que, quando duas ou mais pessoas estão reunidas para ouvir a orientação em conjunto, o filtro das limitações pessoais se interrompe e uma súbita luz brilha para mostrar o caminho. Aconteceu com os fundadores da democracia americana enquanto elaboravam a Constituição, ouviram uns aos outros. "Ouvir a alma do outro em condição de abertura e descoberta, talvez seja o maior serviço que um ser humano pode realizar para o outro." escreve o quaker Douglas Steere.[9]

Os fundadores dos Estados Unidos foram capazes de ouvir juntos a orientação, num tempo em que a democracia podia ter falhado pela ausência de um modo de construí-la: a Constituição. Estamos hoje numa situação similar, porém em escala muito maior: divididos por nossas diferenças, mas atraídos pelo inescapável de nossa interdependência global. É um momento repleto de possibilidades e, nossa história. É tempo de, com a ajuda de nossos líderes, ouvirmos um ao outro, largando a faca das acusações e da vitimização.

Quando abrirmos ouvidos e corações para vizinhos e estranhos e, principalmente, para o tesouro escondido das possibilidades dentro de nós, desejando ser reconhecidos, a bússola da orientação espiritual nos ajudará a criar um futuro de sabedoria e compaixão – uma civilização com coração.

Parte II

Apresentando os sábios

*"O conhecimento não é produto da instrução,
Mas sim da tentativa de buscá-lo durante toda a vida."*

Albert Einstein

Os gurus

Vamos apresentá-los aos gurus, com muita satisfação, mas também com alguma preocupação. Como uma introdução tão sucinta poderá capturar nem que seja um lampejo de sua essência? Na esperança de concretizar, nos concentramos menos em suas biografias e mais em como a vida flui através deles. Nosso desejo é que algo de quem eles realmente são se revele para você, independentemente de pedigrees ou doutorados, na medida em que seja apresentado "oficialmente" a esses seres humanos incríveis, cujo conhecimento pôde absorver na Parte 1 deste livro.

Depois de cada introdução, incluímos um último trecho da conversa com cada um. Tramar esta última tapeçaria de entrevistas foi uma alegria. Esperamos que lhe sirva tanto como revisão da Bússola da Alma, quanto como mais uma oportunidade para apreciar o Coração Místico, de onde quase todos os gurus falam.

Swami Adiswarananda

O swami Adiswarananda tem sido monge da Ordem Ramakrishna desde 1963, é o líder espiritual do Centro Ramakrishna-Vivekananda de Nova York. Ele, rabino Shalomi e padre Keating são nossos gurus mais velhos. O swami foi o primeiro a ser entrevistado, e sua sabedoria e evidente bom humor nos proporcionaram um ótimo começo.

O swami se referiu à vida espiritual e à nossa busca por auto-realização como "a grande aventura". O momento em que despertamos do transe da vida cotidiana e percebemos que alguma coisa mais real e misteriosa trabalha se tornando o início dessa aventura. E há certa graça nesse momento de despertar:

Quando se vem ao caminho espiritual, existe um elemento de intervenção divina. Essa intervenção é como um vislumbre da verdade que jorra como a luz que aparece por entre uma fissura na parede. É o sabor de alguma coisa mais elevada que lhe permite renunciar às coisas do nível mais baixo – um despertar, ou uma revelação. Esta é uma pré-condição para viver "a grande aventura".

Assim que tivermos experimentado o raro sabor da liberdade de nossa verdadeira natureza, recebemos o sentido básico da orientação. Já sabemos que a direção a seguir é a da paz. Afinal, quem não prefere ficar em paz e relaxado, a estar agitado e temeroso? Porém, o condicionamento de nosso ego é poderoso, e existe o risco de voltarmos a adormecer. O próximo guru é um mestre da arte da indagação para permanecer desperto.

Hameed Ali

Hameed Ali é fundador do Diamond Approach to Self-Realization, ensinado através da Escola Ridhwan. Este termo, em árabe, significa "manifestação da alegria em um ser humano completo."

Hameed completava seu doutorado em física em Berkeley, em 1960, quando passou por uma experiência que mudou sua vida e o levou a devotar sua existência à exploração da jornada espiritual. "É importante entender que não desenvolvi este trabalho organizando-o desde o início, avaliando suas teorias e integrando-as. Foi um processo vivo e orgânico de desenvolvimento, orientado pelo espírito".[1] Hameed definiu a orientação espiritual como um sinal de que estamos no caminho certo em nossa jornada espiritual.

A orientação espiritual não é a mesma daqueles mentores que lhe dizem o que fazer – "Não faça isso", "Invista aqui e não ali", não é assim. É basicamente espiritual, portanto está ligada tradicionalmente ao anjo da revelação, conectada com a verdade. A orientação não me diz o que fazer, indica principalmente se estou no caminho certo. Revela a verdade do momento levando a consciência mais próxima à base espiritual.

Hameed chama de "amor à verdade" a humilde percepção de que não sabemos o que vai ocorrer, somada à coragem de querer saber o que está por ser revelado. Nosso próximo guru também fala sobre orientação espiritual como um sentimento das forças que operam no momento.

Rabino Rami Shapiro

O rabino Rami é um escritor prolífico e brilhante, professor de estudos religiosos na universidade do Tennessee e guia espiritual. Profundamente baseado no judaísmo, tem um amplo e profundo conhecimento sobre as mais importantes tradições espirituais do mundo.

O que é a orientação espiritual? Posso senti-la, mas defini-la é algo mais desafiador. Talvez seja descobrir ou vivenciar a natureza do momento, as forças que operam agora, assim posso me engrenar com elas sem precisar procurar além.

Embora o rabino não possa facilmente definir o que é a orientação espiritual, pode dizer claramente quando está acontecendo. A falta de palavras para descrever essa experiência aflige os místicos, que passam a confiar na música, na poesia e na arte em geral para descrever os cenários do ser: o estado de contentamento e sabedoria que vem da confiança em se basear na própria natureza.

Daniel Ladinsky

Daniel é um poeta e tradutor de renome, muito habilidoso em misturar palavras e criar imagens espiritualmente vivas. Daniel se refere a seu falecido mestre, Meher Baba, como sua bússola dourada: "Sua morte há alguns anos não parece ter afetado nossa proximidade, nem minha capacidade de conversar com ele, onde quer que esteja".

Daniel deu duas definições de orientação. A primeira "conselho ou informação para resolver ou compreender um problema ou dificuldade". A segunda se concentrava na orientação como uma direção que vem do coração:

> A noção de o coração ter inteligência é estranha, mas sinto que é aí que a profunda inteligência e sabedoria começam: no coração. E, para mim, o amor e a inteligência são a mesma coisa.

A orientação espiritual como uma inteligência – a Bússola da Alma que nos mostra o caminho tanto para nossa bondade interior quanto para a realidade original – foi tema da maioria das entrevistas. Para a sufi Taj Inayat, amor e orientação são também uma só coisa.

Taj Inayat

Vice-presidente da Ordem Internacional Sufi e companheira espiritual do falecido pir Vilayat (pir é o líder espiritual de uma Ordem sufi). O sufismo é uma antiga tradição mística que antecede o islamismo, mas também se torna a corrente espiritual interior do próprio islamismo. Sua prática e filosofia se baseiam no amor divino e em cultivar a inteligência do coração.

O xeque Ahmad Zaruq, que escreveu *Os princípios do sufismo no século XIV*, descrevia o sufismo como "a ciência de reparar o coração e afastá-lo de tudo que não for Deus"[2]. Os sufis confiam nos mentores para ajudar os iniciados a encontrar seu caminho e selecionar práticas que sejam mais apropriadas para cada um.

As respostas de Taj a nossas indagações pareciam vir de sua profunda experiência, que nos carregaram juntos para o estado de amor divinal sobre os quais discorria. Seu tom de voz se tornara mais suave quando falou sobre conexão entre amor e orientação;

O amor está fortemente ligado com a orientação. Essa luz-guia, essa leve inteligência, ilumina nosso caminho em direção ao grande ser – o grande tesouro (Deus) desejoso de ser conhecido. A criação foi um suspiro de compaixão que gerou o universo, não uma grande explosão. Para que o amor aconteça, deve existir o objeto desse amor. Seja ele um companheiro, um animal de estimação ou Deus, a dinâmica é a do amor. A partir daí, vem a percepção de que o universo é amor.

Os sufis pregam o amor e têm a companhia de muitos outros místicos, de variadas tradições religiosas. O próximo guru nos fala do amor como um vetor, que nos levaria de volta a nossa verdadeira natureza e união com o divino.

Irmã Rose Mary Dougherty

A irmã Rose Mary é irmã de Notre Dame. Trabalhou por muitos anos em um Instituto de Formação Espiritual em Bethesda, Maryland, e ensina a orientação através da prática da contemplação.

Ela é também mestre zen no White Plum Asanga, e seu nome zen é "paz sutil"; ensina e difunde seu trabalho em um hospício que trata de pessoas com Aids. Foi assim que nos definiu sua orientação espiritual:

> ... como uma direção interior que vem daquele lugar no qual estou vivendo, em meu verdadeiro eu. Eu chamaria de Espírito Santo, de orientação do amor. É algo que me leva mais profundamente para dentro de mim e do coração do mundo, com compaixão... Não vejo isso como algo separado de mim.

Embora irmã Dougherty seja católica, além de mestre zen, suas percepções sobre a orientação são muito similares às de um de nossos sábios judeus.

Rabino Zalman Schachter-Shalomi

O rabino Zalman fundou o movimento judaico de renovação, trazendo novo alento ao judaísmo moderno. Ele é um dos poucos rabinos vivos que trazem o conhecimento do judaísmo pré-Holocausto. Sua grande capacidade de manter integradas a tradição antiga e a nova visão de modernidade – prática verdadeira do Coração Místico, o fez famoso. Nascido na Polônia em 1924, migrou com sua família para os Estados Unidos em 1941, quando libertados de um campo de concentração na França. Ordenado na tradição hassídica em 1947, é um brilhante erudito que fala muitas línguas, além da linguagem não verbal que vem do coração.

Descreveu a orientação espiritual como um ensinamento que vem de dentro, um saber intuitivo para o qual não temos palavras, mas vivemos a experiência quando contemplamos em silêncio:

> Há muito barulho no mundo de hoje, e fica difícil encontrar um lugar onde a mente possa clarear o suficiente para ouvir o que vem de locais mais sutis. Então precisamos acalmar a mente e ficarmos aptos a ouvir com o hemisfério correto. É lá que está a intuição, o ensinamento que vem lá de dentro.

Nosso próximo guru fala diretamente com essa mente calma a que se refere o rabino. Seu misticismo representa a cultura inca. Essa cultura, assim como outras tradições indígenas, floresceu em um tempo em que o mundo era menos barulhento e o alinhamento com os domínios mais sutis realizado mais facilmente. Ela nos fala da necessidade de um estado de quietude interna para que a harmonia substitua o estresse.

Cecilia Montero

Maria Cecilia Montero é psicoterapeuta, acadêmica e líder espiritual. Foi treinada como xamã inca por sua bisavó desde os dois anos de idade. Boa parte de seu treinamento foi em silêncio para que pudesse desenvolver o conhecimento interno do som – que carrega as bênçãos dos anciãos de sua cultura, os guardiões do som sagrado da mãe Terra.

Na tradição inca, *Sami* são as ondas da força criativa inteligente que guiam a energia da vida. Cecilia aprendeu que, ao se conectar com *Sami*, somos levados a um caminho de crescimento e harmonia. Ela nos disse:

> Eu poderia ser muito técnica, mas para esse propósito é melhor deixar as coisas bem simples. Essa força, *Sami*, está disponível para todo mundo. Pode ser sentida no corpo, no completo ser e através da prática da meditação poderá ser sentida na mente e nos pensamentos. Ela toma diferentes formas: pode ser sentida como um terremoto, outras vezes pode ser um vento suave, uma pequena intuição ou um pensamento insistente.
>
> Na tradição inca, a energia é dividida em energia refinada e energia não harmonizada, quando a pessoa não vive em harmonia com o mundo e com as outras pessoas. Essa harmonia está disponível a todos e permeia o universo. *Sami* é a energia sublime, infinita e pura, por isso podemos senti-la de formas diferentes.

Essa energia, que Cecília chama de *Sami*, é o sentido de dissociação citado em muitas religiões orientais. Em vez de separado e estressado num estado egóico, o estado dissociado revela o sentido de estar costurado a uma plenitude maior – um campo de inteligência coerente, como *Sami*. É sobre isso que nosso próximo convidado falou.

Iogue Mukunda Stiles

É um sábio que nos cativa com sua gentil autoridade e presença. Mukunda é um teórico e também praticante do shaivismo da Caxemira, uma filosofia religiosa hindu na qual o praticante procura a união com Deus, com o amor divino. O pensamento que permeia essa filosofia é a não-dualidade ou dissociação.

Mukunda não é apenas um teórico, é professor de hatha ioga e estruturador de um sistema muito refinado de terapia iogue. Para ele, a orientação espiritual toma a forma de conexão com a presença viva:

> Você sente a presença divina quando se conecta com o poder maior. Quando o espírito está lá, o mundo se dissolve. Seguir a orientação espiritual representa compreender o que é o amor, e então passar a procurá-lo. Por isso a linguagem do amor é tão importante.

O amor se manifestou claramente e despertou a orientação em nossa próxima guru. Ela se limpou das drogas por dentro e por fora quando estava com 20 anos. Sua decisão em escolher a vida e despertar, em vez de se render ao "sono", trouxe como resultado a poderosa intenção de seguir a orientação espiritual em todos os aspectos de sua vida.

Nina Zimbelman

Nina é uma metafísica que leva muito a sério sua orientação espiritual. Ela literalmente pegou as coisas e se mudou para o outro lado do mundo quando recebeu essa orientação. Nina explicou para nós como o espírito da orientação surgiu pela primeira vez em sua vida, na clássica manifestação de um despertar:

> Um dia, a presença do puro amor veio até mim e começou a se comunicar – a falar comigo em minha consciência interior. O campo do amor incondicional se abriu para mim e nele tudo era diferente. Eu não julgava, eu aceitava as coisas e amava aquilo que não podia ser amado. Lentamente, isso se tornou a incorporação da sabedoria. Este campo de amor incondicional é o universo.
>
> Quando isso aconteceu pela primeira vez, projetei como algo fora de mim e chamei de *Baba* (o termo hindu para santo ou pai). Quando

se permanece nesse espaço e se permite ser ensinado – e nos rendemos a esses ensinamentos, totalmente diferentes daquilo que aprendemos e do que é feito pelos homens –, você se torna algo totalmente diferente.

A definição de Nina é não-teísta, fala de sabedoria e não de Deus. Para ela, a pura experiência do amor é que abre as portas da sabedoria e ajuda a aceitar a vida. Nosso próximo guru, um monge budista, tem uma compreensão semelhante.

O venerável Ajahn Sona

Ajahn Sona é monge budista em um monastério canadense. Ele falou da importância de termos uma "alma amiga" durante nossa jornada espiritual. A razão disso é que esse amigo, ou amiga, encarna a beleza da sabedoria. Esse é o tipo de companhia importante para nos associarmos, porque pode nos ajudar a cultivar calma e serenidade, pré-requisitos para a sintonia com a orientação. Ele explicou:

> Estar orientado, sob o ponto de vista do budismo, significa ser guiado pela sabedoria em vez de ser guiado por Deus – o que, no fim das contas, é a mesma coisa. Nós precisamos encontrar essa voz de sabedoria. E os budistas fazem isso ao se perguntar: "Minha ação está enraizada na ganância, ou não? Em clareza ou em confusão?" Então, você será capaz de perceber se suas ações estão baseadas no ego – ou na sabedoria.

Para Ajahn Sona, a jornada espiritual se trata de estar mais consciente e permitir que seu caminho seja determinado pelo coração. Entender a jornada espiritual como um momento de despertar após o outro é também comentado por nosso próximo guru, que define a orientação como "estar incondicionalmente presente em sua vida", não importando o que venha a acontecer.

Reverenda Cynthia Bourgeault

Ela é a principal professora e conselheira da Sociedade Contemplativa, além de escritora e sacerdotisa episcopal, um verdadeiro "poço de sabedoria" – não apenas na tradição cristã, mas também na ampla perspectiva interespiritual. Ela comentou:

> A verdadeira orientação e a abertura do coração acontecem quando relaxamos e desistimos de resistir com relação ao que virá e permanecemos na presença da fonte. A orientação não se trata de fazer escolhas certas; trata-se de estarmos ininterruptamente na presença do divino =como estamos neste momento. Então, a decisão correta se derrama de nós como uma corrente descendo a montanha.
>
> Thomas Merton fazia uma distinção entre escolha e liberdade espontânea. Escolher é optar por uma marca de carro ou outra. A espontaneidade é estar presente à sua vida de modo incondicional, não importando o que venha a acontecer. Então, nada poderá afastá-lo de seu centro. E tudo que vier a acontecer será o meio para sua iluminação.

O alinhamento com a fonte, a presença ininterrupta com o divino, parece ser o único refúgio. O guru seguinte continua a explorar a idéia de que orientação espiritual é presença contínua com o divino, um estado de completude que se segue à conexão com a verdadeira natureza.

Oriah, a Sonhadora das Montanhas

Oriah recebeu seu nome depois das experiências que teve na tradição xamânica, que estudou por muitos anos. Ela também é poetisa e escritora de sucesso, e seu poema "O Convite" se tornou mundialmente conhecido quando distribuído na internet.

Ela estuda muitas tradições de sabedoria mundiais e está profundamente comprometida em viver com dignidade e integridade.

práticas que realiza para se alinhar com a fonte – que chama de "abertura do coração para a completude" – fornecem a orientação espiritual, como descreve a seguir:

> Receber esse sentido de direção de um aspecto essencial de quem sou e do todo divino é maior que isso – é maior que a soma das partes. É a abertura constante do coração para essa completude que nos dá a orientação. Isso me levou a um crescente amor pela verdade, não apenas pelas coisas maravilhosas que a verdade nos traz, mas por poder tocar a presença do divino em sua totalidade.

Nosso guru seguinte, padre Thomas Keating, é outro exemplo de como atingir esse estado de "consentimento" à presença de Deus em nossas vidas.

Padre Thomas Keating

O padre Thomas é um padre trapista e monge budista que reside no Monastério de São Benedito, no Colorado. É um dos fundadores de um centro que ensina a prática da contemplação como convite para o relacionamento com Deus. Ele nos explica a atitude que favorece a orientação espiritual:

> É basicamente ficar em silêncio e ouvir – poderia dizer, é uma atitude de ouvir, uma receptividade que acolhe o que surge quando nos abrimos a Deus ou ao amor de Deus, um desejo de se render à Sua vontade. O indivíduo deseja agradar a Deus e servir às outras pessoas, então se torna receptivo à inspiração que vem da graça, não é apenas algo a fazer, mas também a capacitação que permite fazê-lo. É altamente dinâmico e relacional – a crescente sensibilidade para viver com Deus ou caminhar em sua divina presença.

A orientação espiritual, por definição, não é "ir aonde queremos ir". É uma questão de deixar os ventos da sabedoria inflar nossas velas e nos levar de acordo com sua vontade. A sabedoria requer nossos dons em parceria co-criativa, culminando em uma ação sagrada. Nosso próximo guru tem muito a dizer sobre esta divina parceria.

Reverenda Suzanne Fageol

A reverenda Fageol, sacerdotisa episcopal aposentada, foi uma das primeiras mulheres a ser ordenada na igreja Anglicana. Já viveu e trabalhou na África, Inglaterra e Estados Unidos. É diretora espiritual e supervisora dos outros diretores. Um dos seus ensinamentos principais diz respeito a não se prender a pré-conceitos impedindo o reconhecimento e o caminhar com a orientação sempre presente.

A orientação espiritual é o fruto da alma conectando-se com aquilo que é inefável – O mistério – e com a sabedoria que surge desta parceria. Ela exige confiança de que a resposta virá e a liberação do resultado. Às vezes isso vem em dicas, e preciso colocá-las todas juntas, mas às vezes vem de repente. Porém, se nada acontecer, a primeira coisa que devo perguntar é: Estou comprometida com o resultado? Será que encerrei a parceria? Essa é a maior razão para não existir uma resposta, então preciso ficar atenta a como essa resposta vai se realizar.

Nossa próxima sábia é especialista em ajudar os alunos a renunciar aos seus projetos pessoais. Permanecer em nosso centro como testemunhas do que estamos sentindo, pensando e vivenciando – sem duvidar de nossos pensamentos e de nossos sentimentos com a realidade original – convida a essa parceria com sabedoria.

Sally Kempton

Sally Kempton era uma famosa jornalista na década de 1970.[3] Brilhante e espirituosa, escrevia para prestigiosas publicações aos 20 anos... Então, tudo mudou em um piscar de olhos. Como descreve em seu *site*, "Uma noite, em 1971, enquanto estava sentada em sua sala de jantar, Sally Kempton foi dominada por um sentimento de totalidade – um amor global e incondicional que parecia vir de lugar nenhum. Ela nunca imaginara que um amor como esse fosse possível. A experiência durou 24 horas e transformou sua vida."

Em 1974 ela entrou no Ashram do swami Muktananda e se tornou uma monja hindu na tradição do Siddha ioga, onde viveu muitos anos como a swami Durgananda. Agora, de volta ao mundo, Sally é reconhecida como uma poderosa guia para meditações e professora espiritual que integra a filosofia "ioga na vida cotidiana". Ela explica a orientação espiritual como uma maneira intuitiva de saber o que fazer quando a mente se retrai, quando não tem certeza de como agir:

> Eu vivo a orientação de maneira mais poderosa quando não sei o que fazer ou como seguir adiante, e permito que aquele impulso energético me guie para certa direção. Se fizer isso com uma profunda intenção de sentir o caminho na medida em que ele se abre, sinto-me guiada em todos os níveis. É uma forma muito sutil de perceber essa energia, como se fosse uma pessoa cega caminhando por uma estrada escura, confiando que a estrada se abrirá. Não há necessariamente palavras ou visões; o que ocorre é que o caminho se abre em certos pontos e você segue essas aberturas... é uma forma de saber o que vem do intuitivo nível de consciência, e, normalmente, vale a pena segui-lo.

Esse nível intuitivo de consciência recebeu muitos nomes. Entre eles pode estar *Rabb*, um dos 99 nomes de Deus na tradição islâmica. Nosso próximo guru, um xeque sufi e músico, nos disse que *Rabb* é o aspecto de Deus a que a frase de abertura do Alcorão se refere – "Em nome de Deus, o mais compassivo e misericordioso" –, o sustentador e professor universal – a própria energia da orientação.

Xeque Kabir Helminski

Kabir Helminski é xeque sufi da ordem Mevlevi, que tem sua origem no século XIII com o poeta persa Mawlana Jalal ad-Din ar-Rumi. Kabir tem doutorado em psicologia. É tradutor de muitos livros de rumi, assim como de muitas coleções de escritos sufi. Além disso, é um talentoso músico, que levou a arte dos dervixes turcos para muitas outras culturas.

Ele explica que, no sufismo, a orientação é função natural da misericórdia de Deus, como sustentadora e educadora de todos os seres vivos:

> O divino ser, que é também chamado *Rabb*, tem a função primordial de orientação. *Rabb* vem da mesma raiz do hebreu rabino, ou professor. Existe uma função no universo que é educar. Todo o universo está evoluindo da escuridão para a luz e da ignorância para a realização. Portanto, esta é a força com a qual devemos cooperar. Na tradição sufi, entendemos que uma das funções mais importantes do divino é orientar cada alma, cada consciência, para cada vez maiores realizações.

Uma questão fundamental que surge no caminho espiritual é: para onde estamos sendo guiados? A auto-realização é um compromisso individual ou temos um propósito maior de vida envolvendo os outros? Nosso próximo guru, um estudioso budista e educador inter-espiritual, aborda essas questões.

Doutor Edward Bastian

É presidente do instituto Caminhos Espirituais, que oferece mestrado em estudos interespirituais. Doutor Bastian viveu muitos anos nos mosteiros budistas tibetanos, onde estudou a filosofia e a religião indianas.

Quando falava do budismo Mahayana, dizia:

A idéia da natureza de Buda é importante. Temos uma semente dentro de nós para nos tornar um Buda. O que isso significa? Se você já é um Buda, por que não sabe disso? É como uma semente com casca: nós temos que descobrir as obstruções à potencialidade, permitindo que ela se atualize e cresça. Então, boa parte do treinamento budista consiste em remover as obstruções das sementes de sua iluminação para que você possa se tornar um Buda. Que extraordinária arrogância – mas como é animador pensar desta forma! Todos nós poderíamos nos tornar Moisés, Jesus ou Maomé. Esse é o objetivo.

Quando alcançarmos esse objetivo, ele explicou, estaremos em melhores condições para ajudar outras pessoas a se libertar das ilusões e sofrimentos. Uma das explicações mais claras sobre como desenvolver a compaixão é a da rabina Tirzah Firestone.

Rabina Tirzah Firestone

A rabina Tirzah é escritora, psicoterapeuta e líder espiritual de uma congregação no Colorado. Conhecida por seu trabalho na reintegração da visão feminina dentro da tradição judaica, ensina meditação e espiritualidade no mundo todo. Tem uma maravilhosa definição sobre como encontrar a orientação espiritual superando as várias identidades do ego e encontrando o núcleo que unifica todas elas:

> A orientação espiritual é um encontro cara a cara. D'us está nos olhando e nós estamos olhando D'us, o que estabelece um campo espiritual que faz surgir nosso eu mais profundo... O entendimento é que somos muitos e nosso trabalho é ir para dentro de nós e encontrarmos o princípio unificador, o eu central. Quando estou com outras pessoas e consigo realmente abandonar meus preconceitos e esquecer meus papéis, apenas me sento com elas, deixando surgir um poderoso campo que define a direção e afasta as vozes não essenciais. A imagem que vem à mente é a de muitos se tornando um.

A próxima guru descreveu de maneira diferente sobre a ligação entre a orientação e o amor. E, ao contrário da maioria de nossos gurus, ela não é contemplativa. A sabedoria que partilha é resultado de muitos anos de trabalho com pessoas que buscam uma orientação para a jornada da alma.

Doutora Linda Backman

Linda Backman exerce psicologia há 30 anos. Após a morte de seu segundo filho, ainda criança, tornou-se interessada na possível continuidade da alma. Linda é formada em numerosas técnicas tradicionais e não tradicionais, entre elas hipnoterapia, regressão espiritual e recuperação xamânica da alma.

Nós estávamos interessados em seu ponto de vista sobre orientação espiritual por causa das mais de seiscentas pessoas que ajudou a regredir espiritualmente, especificamente para o que acredita ser a fase da existência entre as vidas. Essa é uma fase, segundo a doutora, na qual compreendemos em que ponto estamos em nossa jornada espiritual e para onde caminhamos. Encontramos outros professores que fazem parte de um grupo de aprendizagem e têm chance de entender a experiência da reencarnação. Para receber orientação espiritual desses professores, ela alertou:

> ... Você precisa ter um olhar voltado para os detalhes e sincronicidades. Ser cético é importante, assim como suspender a descrença. Nós ficamos nesse espaço sem o saber e com a crença de que as almas podem se comunicar. Elas se comunicam em uma perspectiva pura, que é o amor. Essas palavras são sinônimas. Cada um de nós se encaminha para essa pura perspectiva enquanto percorre a trilha do crescimento da alma. Estamos buscando o amor. O que é o espírito em sua total pureza? O amor é o sentimento que explica, mas é ele que não compreendemos totalmente quando estamos neste corpo. Nós vemos apenas a ponta do *iceberg*.

A crença no amor, segundo a guru, é a chave para o funcionamento da orientação espiritual. Para quem acredita em Deus, a imagem daquela deidade como uma vontade amorosa ou punitiva afeta o funcionamento da orientação. O próximo sábio diz que, se pensarmos em Deus como uma entidade vingativa, a orientação não poderá surgir. Mas, se pensarmos Nele e em sua graciosidade, então poderemos discernir com facilidade o movimento do espírito em nossas vidas.

Doutor Wilkie Au

Ele é um ex-padre jesuíta e professor de teologia em uma universidade de Los Angeles, além de autor de vários livros. Sua abordagem sobre o discernimento – se o que consideramos ser orientação é autêntico ou não – é meticulosa e serena. Sua abordagem se estende pelos domínios internos da intuição, sobre a importância de envolver outras pessoas em nossa busca, os frutos cristãos do espírito e um bom conhecimento de nossa forma habitual de pensar e agir. Doutor Au também fala com grande sabedoria sobre as coisas que bloqueiam a orientação.

Se acharmos que a realidade é hostil e ameaçadora, nossa resposta será hostil e paranóica. Mas, se pensarmos que a realidade é indiferente e que não se preocupa conosco, ainda assim teremos que arregaçar as mangas e começar a trabalhar. Se a enxergarmos como algo bondoso e benevolente, teremos mais de uma habilidade para nos entregar e nos mover naquilo que acontece em nossa vida, acreditando que no fim das contas tudo terminará bem. Para os cristãos, o final representa uma nova vida. Então, se acreditamos nisso, podemos afrouxar nossos controles e confiar mais em nossa orientação. Nossas imagens sobre Deus são importantes. Se acreditarmos que Ele se preocupa com nossa felicidade, podemos caminhar com a orientação divina; mas se nossa imagem é de um Deus punitivo e vingativo – o Deus de Prometeu – então não estaremos dispostos a confiar nessa orientação.

Assim como doutor Au, o próximo guru tem um interesse especial no discernimento. Como uma autêntica quaker, Patricia Loring fala muitas vezes da paciência como forma de conexão com o espírito, determinante para saber se o que ouvimos é inspirado no divino ou não.

Patricia Loring

Ela é uma quaker contemporânea, escritora e educadora. Seus livros são amplamente usados tanto pela Sociedade Religiosa dos Amigos (o "verdadeiro" nome dos quakers) como por outros interessados em orientação espiritual.

Ela vem da tradição dos quakers não-programados, que não possuem clero ou igreja como concebemos. Organizam o culto em reuniões, chamadas "reuniões de adoração e atenção". Patricia explica como examinam as idéias e deixam que amadureçam nestes encontros.

Nada é feito de forma precipitada. Existe uma oportunidade para que todas as emoções e motivações instintivas se dissipem e a clareza que está presente se torne aparente. O tempo muda as coisas. Você deixa as coisas amadurecerem o tanto que puder antes de tomar uma decisão. Uma das formas mais úteis é – usando uma expressão quaker – colocar esta decisão sob a luz. Nesses encontros, você traz uma questão específica para Deus, ou sob a luz, e fica à espera de vê-la iluminada.

O fruto de seguir a orientação espiritual para os quaker é, muitas vezes, uma iluminada ação social – atos de compaixão que realçam a dignidade e os direitos humanos dos outros. Ficamos tão impressionados com a intenção de viver vidas espiritualmente guiadas que pedimos a uma "amiga" (a forma como os quakers referem-se uns aos outros) que nos apresente outras pessoas. Conversaremos com três voluntários, cada um deles realizado profissionalmente, mas, para preservar a humildade, que é característica dos quakers, não vamos detalhar suas credenciais, deixando apenas que suas palavras falem por eles.

Os quakers de Boulder

Mary Hey, Deanne Butterfield e Denny Webster são membros dos Amigos de Boulder. No dia da entrevista, começamos com 20 minutos de silêncio e Mary Hey descreveu os quakers não-programados como um prelúdio para nossa conversa.

Os quakers são chamados de "buscadores" e não têm qualquer credo. Sem um credo, não somos obrigados a ajustar nossas vidas a uma série de princípios. Existem apenas três de nós aqui porque é difícil falar como um quaker, uma vez que a tradição é invisível pelo exterior. Você tem que mergulhar profundamente na tradição para entender do que se trata. Nós somos protestantes, mas estamos num local distinto, um tipo diferente de seita. Aquilo que o zen é para o budismo somos para o cristianismo, embora nem todos sejamos cristãos. Existem muitas extirpes de quakers.

Nosso grupo de Boulder faz parte do extremo mais liberal. Alguns quakers são extremamente conservadores – baseados no fogo do inferno e na danação. Este é o resultado de sua busca e para onde as pessoas levaram suas vidas como conseqüência. Existem atualmente três grandes grupos de quakers, os dois primeiros têm ministros, os conservadores; o grupo do meio é semelhante à maioria dos protestantes; e os quakers não-programados, que somos nós.

As três partilharam suas reflexões sobre a orientação espiritual. Mary continuou:

Nós procuramos a direção interna durante o encontro contemplativo para o culto, buscando essa orientação em conjunto. Os *insights* de cada um são testados pelo grupo, de forma que a orientação não se pareça com "algo determinado por sua própria religião". Ao se manifestar a partir do silêncio e compartilhar os *insights*, o grupo atua como um comitê que testa a verdade daquela revelação.

Deanne Butterfield acrescentou que "os quakers dizem que há Deus em cada pessoa", e explicou:

> Por causa do Deus presente em cada um de nós podemos acessar diferentes partes do divino. Quando cinco de nós estamos reunidos procurando o acesso, então a presença do espírito é ampliada por cinco. Por isso oramos em conjunto em vez de fazer isso numa meditação solitária.

Denny Webster explica o processo de sentarem juntos, em uma meditação silenciosa, à espera do sentimento interno, da hora do espírito se manifestar:

> Você pode ser levado a considerar se deve falar, e alguém poderá dizer o que você estava pensando. Algumas vezes, quando estou me debatendo sobre se devo falar ou não, alguém faz isso. Não conhecemos a mecânica de como isso acontece, mas parece que é como se o espaço ganhasse vida, e é realmente uma experiência extraordinária.

Ficamos tão impressionados com a simplicidade, honestidade e integridade dos quakers que participamos de várias reuniões. O silêncio era tão profundo quando nos sentávamos em uma sala elíptica com altas janelas, que davam para esse espaço a ilusão de ser um olho, na realidade, sua intenção arquitetônica – como nos foi dito. O grupo vê em conjunto, e pacientemente espera pela confirmação de que aquela orientação espiritual será autêntica, e então entram em ação.

Os últimos dois gurus fazem parte dos fundadores do Center For Purposeful Living. Como os quakers, se orientam para serviços e ações sociais, e acreditam estar de acordo com seu propósito de alma.

Susan Baggett e Thomas White

Susan e Thomas são membros do Center for Porpuseful Living (CPL). Susan é contadora e Thomas, advogado, mas sua verdadeira vocação é servir aos outros.

Durante 14 anos cuidaram de doentes terminais primeiro em uma casa particular, depois em um asilo que compraram. No processo desses vários serviços sociais, desenvolveram habilidades extraordinárias sobre a dinâmica de funcionamento de grupos. Eles são um exemplo perfeito de como as pessoas podem criar uma comunidade, tomar decisões baseadas na orientação espiritual e dirigir projetos voluntários que fazem diferença na vida das pessoas.

Susan explicou sua visão quanto à orientação espiritual:

> É o reconhecimento, a partir de sua própria alma, que pode ser percebido de várias maneiras diferentes – através de nós mesmos, através dos outros ou no contexto de situações variadas. A orientação pode vir de muitas formas, através da doença ou da beleza. Algumas de nossas experiências são cuidar de doentes terminais, nos defrontamos face a face com aquilo que realmente importa. Foi isso que nos levou para territórios mais profundos e para onde não poderíamos ter ido de outra maneira.

Thomas White resumiu a filosofia do CPL como "agir com base na orientação que você recebeu" e "aprender a escolher um caminho não egoísta":

> Olhando para a minha própria vida, a orientação espiritual veio sob a forma de oportunidades, como a nossa alma dizendo: "Aqui está uma chance de fazer algo agora. Quero ver se é capaz." Se não formos, a alma vai pescar. Para que perder tempo com um ego que não está ouvindo?
>
> Se estivermos recebendo orientação, o que ela nos está pe-

dindo para fazer? Existe uma escolha entre nosso desejo natural egoísta e a natureza de nosso coração, e ao fazermos esta escolha, estamos evoluindo. O que desejamos fazer é escolher o caminho do coração e seguir nossa orientação. Quando escolhermos a estrada não egoísta, estaremos servindo ao nosso objetivo.

Nossos sinceros agradecimentos a esses gurus que – ao seguir sua própria orientação – assumiram os riscos de partilhar sua sabedoria conosco na esperança de que pudéssemos transmiti-las a você. Nós tentamos ao máximo, e esperamos que, apesar de nossas limitações, tenham recebido ao menos uma pequena parte de suas autênticas transmissões do Coração Místico. As introduções dos gurus que fizemos foram curtas por necessidade. Mas, em dias de internet, você pode aprender mais sobre eles e procurar os livros e ensinamentos que muitos têm a oferecer.

Epílogo

CULTIVE A ALEGRIA – SEJA RESPONSÁVEL POR SUA ORIENTAÇÃO

*"Se existe alguma obrigação
é a de encontrar uma mente maravilhosa."*
O venerável Ajahn Sona

Quando o tempo permitia, perguntávamos ao final das entrevistas se os gurus queriam partilhar um último pensamento. E, algumas vezes, os maiores tesouros surgiam desses momentos.

Nina Zimbelman observou com sua típica clareza: "Qual é o dom e a responsabilidade da orientação? Porque andam de mãos dadas. Se escolhermos viver uma vida espiritualmente orientada, isso é um dom, mas há uma enorme responsabilidade em honrar esse dom. Às vezes queremos apenas os presentes, mas não as responsabilidades."

O monge budista Ajahn Sona falou sobre essa responsabilidade: "Continue perguntando o que leva à diminuição da cobiça, da má-vontade e da ilusão. Deseje a falta delas profundamente. A partir do contentamento vem a generosidade e a paz interior. Se desejo a vontade de não possuir esses sentimentos, então não os terei. Você precisa entender a insensatez do desejo e da ambição. As pessoas confundem esse desapego com falta de ambição, mas a pessoa de boa vontade tem acesso à energia, que é drenada quando se preocupa em ter mais. Essa pessoa vai espalhar a paz.

Parte dessa alegria cultivada – a mente maravilhosa a qual se refere – é escolher ter um descanso de vez em quando, a fim de deixar para trás o ruído. Por exemplo, o dia mais feliz do ano judaico é o *Sabbath*, apesar de celebrado apenas uma vez por semana. É o momento reservado ao culto, festejado com a família e os amigos e quando se deixa de lado o pesado jugo do mundo. O *Sabbath* dá ritmo à vida e acessa o silêncio que refresca a alma, convidando para o alinhamento com o espírito da orientação.

"Buda não disse que as pessoas deveriam ser iluminadas onde quer que estivessem", diz Ajahn Sona.

> Você tem que ter alguma compaixão por si mesmo. Precisa criar ambientes condutores para o aumento da boa vontade e clareza. E deve se associar a pessoas que lhe tragam para a direção certa. O fator crítico é ter um lugar e pessoas reais, porque ler um livro é bom, trabalhar na cidade está certo, mas devemos ter a gentileza conosco de nos retirarmos de vez em quando, lembrando do que é ficar calmo.
>
> Assim, o que está nos faltando são lugares para ir. Nós nunca podemos ter muitos lugares, e eles devem estar disponíveis para os outros. Há lugares disponíveis – Sanghas, Centros de Retiro, Centros inter-espirituais –, onde você se sinta seguro e tenha a mente acalmada pelo ambiente.

O professor e estudioso budista Eddy Bastian falou sobre cultivar o desejo sincero de liberar os outros do sofrimento. Para que atualizemos esse desejo, nosso comportamento deve refleti-lo: "Você não tem compreensão de fatos como: Será que meu filho precisa de uma nova bicicleta? Será que esta pessoa deseja que eu dedique um pouco de meu tempo para fazê-la mais feliz? A pergunta deve ser: Se fizer isto, vou ajudá-los a conseguir iluminação? Se a resposta não for positiva, então talvez tenha alguma outra razão. Isso o ajudará a criar uma forma de hierarquia nas decisões, fazendo-o refletir sobre as razões pelas quais concorda ou não com o curso de determinada ação. Temos de realizar o mesmo tipo de pacto conosco. O ponto principal é: Será que esta ação vai me levar à iluminação?

O padre Thomas Keating usava uma citação de Jesus para resumir como ser responsável pela orientação: "Em Mateus, 10:39, está escrito: "Quem achar sua vida a perderá; e quem perder sua vida por amor a mim, a achará." Se quiser salvar sua vida – presumo que isso signifique o "falso eu" –, a vida como a entende, vai ser sua ruína. Então, todo aquele excesso de identificação com suas posses e necessidades instintivas o levará à ruína. E isso acontecerá. São as fontes da miséria, doenças sociais e injustiça. Mas todo aquele que se entregar ao nada, descobrirá quem é."

Ele prossegue:

> O nada significa que você não estará identificado com nenhum nome em particular, incluindo a idéia que fazemos de nós mesmos. Nada, significa que se tornará tudo, e tudo é Deus. Ele, também, tem um aspecto do nada. O Pai, na teologia cristã, é o absoluto vazio que contém infinitas possibilidades. Assim, tornar-se o nada é tornar-se o que Deus é – nada em particular – e Ele poderá então estar presente em nós e em todas as coisas. Por isso, tornar-se nada é mais importante do que se tornar um santo. Para tornar-se iluminado, o original para onde somos chamados, é maior que qualquer objetivo determinado. E é muito simples: precisamos ser apenas humanos, nem um pouco mais que isso, se pudermos sê-lo sem nenhum tipo de apego.

"E assim", o guru de 83 anos encerra, "aquela citação de Jesus tem um grande significado para mim. Estou passando os dias, meses ou anos que me restam desejando me tornar nada. Portanto, recomendo isso. Não torna a vida exatamente mais fácil, mas faz mais sentido do que qualquer coisa que eu tenha feito até agora."

Levando tudo que aprendemos para o fundo do coração, também

aspiramos ser coisa nenhuma. Nada em especial. Embora os escritores em geral tentem escrever *best sellers*, concordamos que não temos nenhum apego a este livro. Ele possui seu próprio destino, por isso o liberamos. Fazer este trabalho tem sido um privilégio que se estendeu por dois anos e nos ensinou muito sobre o lugar interior, onde somos livres, e aqueles lugares onde ainda estamos vinculados por causa de ignorância, medos e desejos. Escrever este livro afiou nossa compreensão de viver uma vida espiritualmente orientada e aperfeiçoou nossa profunda intenção de fazê-lo.

Desejamos profundamente sua liberdade e a liberdade de todos os seres. Quando nos dirigirmos a esse potencial, contribuiremos para a manifestação daquela civilização com coração.

Joan Borysenko e Gordon Dveirin
Boulder, Colorado

As perguntas da entrevista

1. O que é orientação espiritual?

2. Qual sua experiência pessoal na orientação espiritual, se estiver disposto a compartilhá-la?

3. Como o coração, o mistério do amor, influencia aquilo que entendemos como orientação espiritual?

4. Como podemos distinguir a diferença entre "ações movidas pelo ego" e ações que têm uma orientação espiritual?

5. A dúvida nos ajuda, é um obstáculo ou ambas as coisas?

6. A comunidade exerce papel específico para uma ação mais assertiva?

7. Quais os maiores impedimentos para ouvir e agir sob orientação?

8. Quais as práticas na busca de orientação?

9. Como você entende ou compreende a diferença entre contemplação e ação?

10. Existe alguma coisa em sua tradição que corresponda ao princípio de se tornar, individual ou coletivamente, aquela força que impulsiona a evolução de uma semente para se transformar num carvalho?

11. Em que direção o ser humano – e a criação como um todo – está evoluindo? Qual é o objetivo final?

12. Se você fosse aconselhar os líderes mundiais atuais sobre a forma de encontrar a orientação espiritual para melhorar a vida futura, o que aconselharia?

ACONSELHAMENTO ESPIRITUAL E FONTES PARA A LOCALIZAÇÃO DE ORIENTADORES

Depois de ler tanto sobre orientação espiritual e a importância de um aconselhamento adequado, você pode ter se interessado em conhecer os fundamentos e os antecedentes sobre o desenvolvimento da arte do aconselhamento, assim como em obter informações apropriadas para encontrar os mentores. Geralmente, as pessoas trabalham com um companheiro espiritual apenas uma hora por mês, mas o impacto pode ser profundo e transformador.

A doutora Janet Quinn, co-fundadora do Programa de Treinamento Claritas para Conselheiros Interespirituais – nossa colega e amiga – é a diretora espiritual residente. O minucioso treinamento e a eficiente supervisão em orientação espiritual que nossos alunos recebem são devidos, em grande parte, ao seu cuidado e interesse aplicados na execução dessa tarefa. Somos muito gratos à doutora pela sua permissão em nos deixar incluir a seguinte descrição sobre aconselhamento espiritual que escreveu para apresentar às pessoas a história, a finalidade e a prática dessa atividade.

Mentores espirituais: uma antiga prática modernizada, por Janet Quinn, R.N.(enfermeira registrada), Ph.D.

Os primeiros diretores espirituais

Se você viveu em algum local perto dos desertos do Egito e da Síria, no século IV, e se o seu coração estava inquieto na sua ânsia sagrada para aprofundar o processo de conexão com Deus, o Espírito e o Mistério Sagrado, você pode ter recebido um chamado. Esse chamado o levou a empreender uma longa e árdua peregrinação – passando por terrenos difíceis – para tentar encontrar um dos Ammas e Abbas em sua busca por orientação espiritual. Essas "mães" e "pais" do deserto eram pessoas que levavam muito a sério a questão da jornada espiritual. Eles haviam deixado a segurança, e também o caos, de suas cidades em troca da quietude do deserto, onde esperavam viver uma vida mais profunda, uma vida mais enraizada, mais centrada e guiada pela Fonte, pela Realidade Original, por Deus, o Espírito Santo. Eles esperavam que, no deserto, poderiam seguir o exemplo do salmista que escreveu: "Aquietai-vos e sabei que eu sou Deus". E, ao mesmo tempo em que eles tentavam abandonar a vida mundana, pessoas sedentas pela mesma experiência os procuravam e pediam aconselhamento para viver a mesma jornada espiritual.

E quando essas pessoas chegavam, eles as receberiam tão bem como se estivessem recepcionando o próprio Divino, sentando-se com elas e seus desejos, ouvindo-as profundamente enquanto procuravam por uma direção. No final, a história continua, eles teriam lhes dado "uma palavra", a semente de um pensamento ou uma instrutiva história inspirada pelo Espírito. Elas poderiam meditar sobre essas histórias enquanto fizessem a viagem de volta à realidade cotidiana. Assim foi criada a antiga tradição cristã de aconselhamento espiritual, por homens e mulheres ansiosos por significado e propósito e, acima de tudo, que buscavam uma ligação autêntica com aquilo que eles acreditavam ser a fonte de tudo. Relacionamentos sagrados semelhantes, entre os mais experientes, forjados nessa jornada, e aqueles que procuravam por orientação podiam ser encontrados em todas as tradições religiosas do mundo, embora não tenham necessariamente um nome formal.

As formas contemporâneas

Atualmente encontramos diversos termos que são utilizados para descrever a arte de oferecer apoio à jornada espiritual, e existem também inúmeras formas diferentes de aconselhamento. Há uma maravilhosa expansão deste trabalho em um contexto inter-espiritual, enfatizando a profunda unicidade da sabedoria existente no cerne de todas as tradições espirituais do mundo. Direção espiritual, aconselhamento espiritual, orientação espiritual, acompanhamento espiritual ou conforto para a alma são todos termos usados para descrever esse processo onde dois estão ouvindo o Um. Seja qual for a língua e a origem, a arte da direção espiritual parece estar desfrutando um tipo de renascimento. Há um crescente número de programas criados para formar diretores espirituais e parece também haver um número crescente de pessoas à procura de orientação espiritual. Por que é que isso acontece?

Por que direção espiritual?

Alguns de nós ansiamos por um porto seguro onde possamos investigar as questões mais profundas de nossa vida: perguntas sobre Deus, espírito, Realidade Original, sobre o significado, a finalidade e a vocação que temos neste plano de existência. Não estamos em busca de terapia, mas de algo com um contexto maior e mais amplo. Não é que precisamos ser corrigidos ou ajustados, mas precisamos, sim, ser ouvidos, mantidos em um espaço sagrado de amor incondicional com confiança suficiente para encontrar nossa própria e profunda ligação com o espírito. Não é que achamos que alguém possa ter a resposta definitiva – e talvez seja por isso que a procura por orientação espiritual através das habituais igrejas seja tão difícil para alguns. Nós precisamos apenas de um lugar onde sejamos ouvidos e também possamos ouvir a nós mesmos; onde alguém possa nos ajudar a perceber o movimento do espírito dentro de nossa vida cotidiana. Alguém que nos ajude a ouvir a sabedoria e a orientação que estão disponíveis dentro do lugar mais profundo de nosso coração. Nós, do mesmo modo que aqueles primeiros peregrinos, procuramos uma alma amiga de quem possamos receber uma palavra ou um suave movimento das mãos indicando um lugar para olharmos, ou de quem possamos receber uma oração ou um preceito que nos guie nesse sentido, que é nossa mais importante jornada.

Talvez o aconselhamento espiritual seja um chamado porque o estado em que se encontra nossa vida ou o nosso mundo precisa de uma solução, uma resposta. Mas discernir o que é uma verdadeira resposta, aquela que vem da nossa verdadeira natureza e não de nossas necessidades egóicas, mágoas ou hábitos, é um assunto delicado. Precisamos do apoio de alguém que nos ajude a compreender o que é a verdade para nós, ouvindo junto conosco aquilo que alguns poderiam chamar de "a vontade de Deus."

Existem tantas razões pessoais para a busca de uma orientação espiritual quanto há pessoas procurando por ela. Em última instância, trata-se de reservar um espaço para a outra pessoa entrar em profunda relação com Deus, o Absoluto, o Fundamento do Ser, e manifestar isso profundamente em sua vida.

Direção espiritual, mentor espiritual ou acompanhamento espiritual são nomes que definem uma forma de relacionamento entre três, e não duas pessoas: a que pede o aconselhamento, a mentora e Deus, que é o verdadeiro Mentor, Diretor, nesse relacionamento.

Fontes para a localização de guias espirituais

- Janet Quinn é diretora espiritual (mentora ou guia) com uma profunda perspectiva interespiritual e com raízes no catolicismo romano. Pratica a Oração Centrante há 20 anos, uma forma de oração contemplativa, e é também uma *mureed* (iniciada) na Ordem Sufi Internacional. A doutora Quinn está disponível para aconselhamento espiritual tanto pessoalmente, em sessões individuais, como por telefone. Ela também está disponível para supervisionar outros diretores espirituais. Você pode contactá-la através do e-mail: janetquinn@aol.com.

- A reverenda Suzanne Fageol foi entrevistada como uma das sábias neste livro. Suas raízes estão na Igreja Anglicana, na qual foi ordenada como freira episcopal, mas suas influências são interespirituais. Você pode entrar em contato com ela seja para orientação espiritual ou supervisão, como também para obter informações sobre o Lorian Association's Master's Degree in Spiritual Direction (para aqueles que já tenham concluído o programa). Seu e-mail é: spirit@whidbey.com.

- Para a formação na arte do aconselhamento interespiritual, procure em nosso *website* informações sobre o Claritas Institute for Interspiritual Inquiry: www.claritasinstitute.com. O *site* contém uma lista dos nossos diplomados e praticantes do aconselhamento interespiritual, inclusive com breves descrições curriculares.

- Spiritual Directors International (SDI) é uma organização sem fins lucrativos para diretores espirituais. Seu *website* (www.sdiworld.org) contém informações sobre a orientação espiritual e uma lista de diretores espirituais em todo o mundo. A organização também publica uma excelente revista trimestral internacional, a *Presence*, com artigos analisados por especialistas.

Notas de rodapé

Prefácio

(1) No original, *Ultimate Reality* é um conceito religioso dos brâmanes hindus, que pode ser entendido como Realidade Suprema ou Veradade Absoluta [N. do. T.]

(2) Veja o livro sobre interespiritualidade de Wayne Teasdale, *The Mystic Heart* (Oakland: New World Library, 2001).

Introdução

(1) A história do príncipe que acorda para o seu verdadeiro eu no "Hino da Pérola" é também conhecida como o "Hino da Alma" e o "Hino das Vestes de Glória". Nós o citamos aqui de G. R. S. Mead, *Echoes from the Gnosis*, vol. X, "The Hymn of the Robe of Glory", verso 67 (The Gnostic Society Library, 1908).

(2) Ann Weiser Cornell, *The Power of Focusing: A Practical Guide to Emotional Self-Healing* (Oakland: New Harbinger Publications, 1996), p.3.

(3) Francis S. Collins, *The Language of God: A Scientist Presents Evidence for Belief* (New York: Free Press, 2006), p. 217.

(4) Ibid., p. 217.

(5) Ibid., p. 217.

(6) Ibid., p. 218.

PARTE I

Capítulo 1
(1) Wayne Teasdale, *The Mystic Heart* (Oakland: New World Library, 2001), p. 26.

(2) Thomas Keating, "Guidelines for Interreligious Understanding", In *Speaking of Silence: Christian and Buddhists on the Contemplative Way*, editado por Susan Walker (Mahwah, NJ: Paulist Press, 1987), pp. 127-128.

(3) Padre Thomas Keating ofereceu esse eloqüente resumo dos três passos na jornada espiritual ao final do filme *One: The Documentary*.

Capítulo 3
(1) Rose Mary Dougherty, S.S.N.D., *Group Spiritual Direction: Community for Discernment* (Mahwah, NJ: Paulist Press, 1995), p. 125.

Capítulo 4
(1) Todas as referências bíblicas, citadas pelos sábios foram retiradas da New Revised Standard Version (NRSV) do Velho e do Novo Testamento.

(2) Albert Einstein, Banesh Hoffman e Helen Dukas, *Albert Einstein: The Human Side* (Princeton, NJ: Princeton University Press, 1981).

Capítulo 5
(1) Revista *Time*, "God vs. Science", 5 de nov. de 2006, p. 55.

Capítulo 6
(1) Patricia Loring, "Spiritual Discernment: The context and goal of clearness committees", In *Pendle Hill Pamphlet* 305: 14-15 (Wallingford, PA: Pendle Hill Publications, 1992).

(2) Anthony de Mello, *The Way to Love: The Last Meditations of Anthony de Mello* (New York: Doubleday, 1992), p. 108.

(3) Francis S. Collins, *The Language of God: A Scientist Presents Evidence for Belief* (New York: Free Press, 2006), p. 119.

(4) Rami Shapiro. *The Sacred Art of Lovingkindness: Preparing to Practice* (Woodstock, NY: Skylight Paths Publishing, 2006), p. XII.

Capítulo 11

(1) *The Journal of John Woolman, Part 1: 1720–1742*, The Harvard Classics (New York: **www. Bartleby.com**, 2001).

(2) Swami Adiswarananda, *The Four Yogas: A Guide to the Spiritual Paths of Action, Devotion, Meditation, and Knowledge* (Woodstock, Skylight Paths Publishing, 2006), p. 12.

(3) Thomas Merton, *Letter to a Young Activist*. O texto completo desta carta está disponível em **http://www.perc.ca/PEN/1998-03/s-notebook.html**.

(4) A. H. Almaas, *The Pearl Beyond Price* (Berkeley, CA: Diamond Books, 1998).

(5) A metáfora da luz versus a lamparina foi retirada do trabalho de Gerald Jampolsky, M.D., que escreveu sobre *Um Curso em Milagres*.

(6) Jacob Needleman, *The American Soul: Rediscovering the Wisdom of the Founders* (New York: Jeremy P. Tarcher/Putnam, 2003), p. 95.

(7) Ibid., p. 104.

(8) Ibid., p. 107.

(9) Ibid., p. 107.

(10) Ibid., p. 106.

Capítulo 12

(1) Evelyn Underhill, *The Spiritual Life* (Seattle: Morehouse Publishing, 1997), p. 74.

(2) Henry Corbin, *Alone with the Alone: Creative Imagination in the Sufism of Ibn 'Arabi* (Princeton: Princeton University Press, 1969), p. 200.

(3) Richard Tarnas, *The Passion of the Western Mind* (New York: Ballantine Books, 1991), p. 434.

(4) Henry Corbin, *Alone with the Alone: Creative Imagination in the Sufism of Ibn 'Arabi* (Princeton: Princeton University Press, 1969), p. 183.

(5) Ibid., p. 114.

Capítulo 13

(1) Mark Gerzon, *Leading Through Conflict: How Successful Leaders Transform Differences into Opportunities* (Cambridge, MA: Harvard Business School Press, 2006).

(2) De sua biografia para Generon Consulting; veja **www.generonconsulting.com.**

(3) Jacob Needleman, *The American Soul: Rediscovering the Wisdom of the Founders* (New York: Jeremy P. Tarcher/Putnam, 2003), p. 44.

(4) Ibid., p. 44.

(5) Ibid., p. 45.

(6) Ibid., p. 48.

(7) Ibid., p. 50.

(8) Ibid., p. 49.

(9) Douglas V. Steer, *Gleanings: A Random Harvest* (Nashville: Upper Room Books, 1986), p. 111.

PARTE II

Os gurus

(1) A citação foi retirada da entrevista "At the cutting edge of using psychological concepts in soul work is spiritual teacher Hameed Ali", por Pythia Peay. Está publicada em Southern California Diamond Approach Newsletter. Por favor, confira no **http://www.diamondheartsocal.com/CB_Interview.shtml.**

(2) Algumas das informações sobre o sufismo – especialmente a citação do Sheikh Ahmad Zaruq – foram extraídas de um artigo da Wikipédia, na internet.

(3) Algumas das informações biográficas de Sally Kempton foram adaptadas do livro de nossa amiga em comum Sara Davidson: *Leap! What Will We Do with the Rest of Our Lives?* (New York: Random House, 2007).

Agradecimentos

Cada livro deve sua existência às pessoas que vieram antes e transmitiram a sua sabedoria. Somos extremamente gratos aos 27 indivíduos, em sua maioria herdeiros de veneráveis tradições, que dedicaram tempo e carinho para compartilhar essas tradições conosco. Você os encontrou nas páginas anteriores. Muitos dos sábios não tiveram a oportunidade de rever suas entrevistas. E queremos mais uma vez reconhecer que eventuais incorreções no material foram nossas e não deles. Passamos muitos meses combinando as entrevistas com materiais de referência. Foi uma tarefa prodigiosa e esperamos sinceramente que tenhamos honrado, com precisão, e dentro do contexto apropriado, o presente que eles nos deram.

Este livro deve a sua existência como uma instrução interespiritual do falecido irmão Wayne Teasdale. Ele morreu em Outubro de 2004, pouco depois de o termos entrevistado no Congresso em Vancouver, organizado pelo Dr. Hong Leng Chiam, a quem estamos profundamente agradecidos pela devoção ao diálogo inter-espiritual. Algumas vezes não temos idéia das sementes que estamos plantando. Este livro, e nosso programa Claritas Interspiritual Mentor Training Program, são flores que nasceram das sementes de Wayne. Ele não tinha idéia de que qualquer projeto seria gerado por nossa amizade, e esperamos que eles honrem a sua memória.

Uma série de outras pessoas contribuiu de forma direta ou indireta. Queremos agradecer especialmente a Janet Quinn por tudo o que nos ensinou sobre a orientação espiritual; por sua profunda amizade e por sua parceria em projetar, fazer nascer e se comprometer como Diretora Espiritual no Claritas. Nossos agradecimentos também à nossa amada Comunidade Claritas – tanto para aqueles em treinamento como para os já graduados. Vocês nos inspiram com a realização do que é possível na comunidade. Cada um de vocês é um presente ao qual estamos gratos e a quem devemos muito.

Agradecemos também aos nossos outros amigos e colegas do Claritas: Kathleen Gilgannon, nossa secretária que ajudou a planejar o programa desde o início e cuja habilidade e compromisso faz com que tudo aconteça; Karen Drucker, música residente, pelo seu dom de fazer música com amor; Reverenda Suzanne Fageol, que ensina discernimento espiritual; Joan Drescher, nossa artista residente; e Kathy Gracenin, que oferece a sua "taça de brinde à graça" da maneira como ela age no mundo. Uma de nossas graduadas, reverenda Dra. Ruth Ragovin, nos deu um presente espetacular. Passou dois dias lendo o primeiro rascunho com um experiente olho editorial e nos ofereceu inestimáveis comentários.

Nossos amigos e familiares – que nos viram com muito menos freqüência do que gostaríamos – nos apoiaram de todas as maneiras possíveis. Obrigada a Chris e David Hibbard, a Sara Davidson – que fez vários comentários no manuscrito – Rachael Kessler, Josie Evans, e nossas crianças e seus cônjuges: Justin e Regina, Andrei e Nadia, Natalia e Shawn, e Ben e Shála. E um agradecimento especial à eficiente e leal assistente de Joan, Luzie Mason.

Sem a editora Hay House e a visão de seu presidente Reid Tracy – e Louise Hay, seu coração e fundadora – não teríamos a oportunidade e os meios para realizar este projeto. Agradecemos do fundo de nosso coração. E obrigado a nossos editores Jessica Kelley, Alex Freemon e Jill Kramer, além de todas as pessoas – desde Charles McStravick, que desenhou a bela capa, e a todos os demais do departamento de arte que colaboraram na concepção do livro; também a Jacqui Clark e o departamento de publicidade – cujo trabalho e empenho no crescimento espiritual possibilitaram que este livro chegasse até você.

Este livro foi impresso pela RR Donnelley
para a Editora Prumo Ltda.